크리스천이 궁금해하는 10가지 경제 질문

크리스천이 궁금해하는
10가지 경제 질문

지은이 | 박병관

펴낸이 | 원성삼

책임편집 | 김지혜

본문 및 표지디자인 | 김경석

펴낸곳 | 예영커뮤니케이션

초판 1쇄 발행 | 2017년 7월 15일

등록일 | 1992년 3월 1일 제2-1349호

주소 | 04018 서울시 마포구 동교로 55, 2층(망원동, 남양빌딩)

전화 | (02) 766-8931

팩스 | (02) 766-8934

홈페이지 | www.jeyoung.com

ISBN 978-89-8350-970-3(03230)

값 10,000원

이 도서의 국립중앙도서관 출판예정도서목록(CIP)은 서지정보유통지원시스템 홈페이지
(http://seoji.nl.go.kr)와 국가자료공동목록시스템(http://www.nl.go.kr/kolis-
net)에서 이용하실 수 있습니다.(CIP제어번호: CIP2017015526)

 모든 인간은 하나님의 형상을 닮은 존엄한 존재입니다. 전 세계의 모든 사람들은 인종, 민족, 피부색, 문화, 언어에 관계없이 존귀합니다. 예영커뮤니케이션은 이러한 정신에 근거해 모든 인간이 존귀한 삶을 사는 데 필요한 지식과 문화를 예수 그리스도의 사랑으로 보급함으로써 우리가 속한 사회에 기여하고자 합니다.

크리스천이 궁금해하는 10가지 경제 질문

박병관 지음

예영커뮤니케이션

인간은 사회적 존재라는 말과 같이 경제적 존재인 것이 확실하다. 이 세상에 존재한다는 것은 분명 의식주와 필연적으로 연결되어 있음을 뜻하기에 경제 분야는 신앙인이 부딪치는 실존의 한 부분이다. 그럼에도 돈 문제를 거론하면 세속적이라는 핀잔을 듣기 일쑤였다. 필자는 독일 생활과 학문적 사유로 다져진 논리를 기반으로 신앙과 경제의 경계를 예리하게 분석한다. 그리하여 신앙인들이 돈의 미망에서 벗어나 건강한 세계관으로 살아가도록 길을 제시한다.

추태화

안양대학교 기독교문화학과 교수

저자를 대할 때마다 그리스도인이 어떤 삶을 살아야 하는가를 많이 고민한 흔적을 느끼게 됩니다. 이를 글로 표현하여 책이 되었습니다. 이 책은 이론을 실천으로 끌어와 진정한 그리스도인의 삶이 무엇인지를 엿보게 합니다. 그리스도인으로서의 물질적 가치관을 세우는 데 큰 도움이 되어 삶의 갈등과 괴리를 메꾸는 데 도움이 될 것입니다.

장경덕

분당 가나안교회 담임 목사

편집국장 시절, 본보에 "신앙과 경제" 제하의 칼럼 연재를 하면서 알게 된 필자는 유럽에서 10여 년 직장 생활 중에 사도 바울처럼 풍부에도 처할 줄 알고 비천에도 처할 줄 아는 삶을 살았다. 이 책은 물질을 세속적인 것으로 여기면서 신앙의 프리즘에 비추어 이중고에 시달리는 현대인들에게 하나님의 방법으로 물질을 다루는 해법을 제공해 주는 길라잡이가 될 것이다.

안홍철

목사, 한국 「기독공보」 상임 논설 위원

『크리스천이 궁금해하는 10가지 경제 질문』은 현대를 살아가는 그리스도인들에게 어떻게 하나님을 올바로 섬길 수 있을지를 선명하게 보여 주는 책입니다. 그리스도인으로서 주변의 작은 이웃들에게 어떻게 선을 베풀며 살아갈지, 복잡한 현대 생활 속에서 신앙적 경제 가치관을 어떻게 수립할 수 있을지 등에 대한 통찰력을 보여 주고 있습니다. 모든 그리스도인 독자에게 강력히 일독을 권합니다.

호용한

옥수중앙교회 담임 목사, 사단법인 어르신의 안부를 묻는 우유 배달 이사장

추천사

차 례

크리스천이
돈 걱정을
해도 되나요?

. . . .

경제적 두려움을 극복하기 위해서는
본능보다는 머릿속의 생각을 관리해야 한다.

나는 유럽에서 10여 년 가까이 직장 생활을 했다. 재정적으로 힘든 시기도 있었고 또 벌이가 좋았던 때도 있었다. 재정이 풍요로울 때는 여행을 많이 다녔다. 이탈리아, 오스트리아, 프랑스 등지로 여행을 다니며 유럽의 매력을 한껏 느꼈다. 반대로 직장을 옮기게 되면서 재정이 충분치 못한 때도 있었다. 비록 기분이 유쾌하지는 않았지만, 그 상황에 맞추어 지출을 조정하는 것이 가능했다. 여행도 적게 가고 외식도 줄였다. 그곳에서 살면서 경제적 문제로 걱정한 적이 있었지만, 과도하게 근심하지는 않았던 것 같다. 그러나 얼마 전부터 한국에서 생활하게 되면서 돈에 대해 심각하게 걱정하고 있는 나 자신을 발견했다.

아이들의 사교육비와 통신비, 가정의 외식비, 경조사비 등 유럽에서 살 때 거의 발생하지 않던 비용이 발생하고 있었다. 정작 문제는 이 지출을 현재뿐만 아니라 앞으로도 전혀 줄일 수 없다는 데 있었다. 오히려 나는 어떻게 앞으로도 이 지출을 계속 감당할 수 있을까 고민하고 있었다. 더 큰 문제는 재정적인 고민이 습관화되면서 기도가 어려워지고 신앙생활도 탄력을 잃어간다는 데 있었다.

1. 크리스천이 돈 걱정을 하는 이유

사람은 누구나 돈에 대한 걱정이 있을 것이다. 성격과 상황에 따라 어떤 사람은 많이, 어떤 사람은 비교적 적게 걱정할 뿐이다. 크리스천도 돈 걱정에 예외가 아니다. 적어도 내가 아는 모든 크리스천들은 그렇다. 각자의 신앙과 경제적 상황에 따라 정도에 차이가 있지만, 대다수 크리스천이 돈 때문에 고민하고 또 기도한다. 이들 중 상당수는 자신이 돈 문제로 고민한다는 사실에 대해 부끄러워한다.

돈 걱정은 세속적인 것이거나 신앙이 약하기 때문이라고 단정하면서, 한편으로는 돈 문제로 고민하면서도 다른 한편으로는 그런 자기 자신을 질책하는 이중고에 시달린다. 성경에서는 "아무 것도 염려하지 말라(빌 4:6)."고 했는데, 오늘날 왜 이리 많은 크리스천이 돈 문제로 걱정을 하는 것일까? 크리스천이 돈에 대해 고민하는 원인은 사회적 요인과 심리적 요인, 이렇게 두 가지로 나눌 수 있다.

돈을 걱정하게 만드는 사회

기독교는 사회를 등지고 자기 수련에 몰두하는 은둔의 종교가 아니다. 오히려 신자에게 세상으로 가서 사람들을 사랑하고 사회를 변화시키라고 말하는 적극적인 종교다. 따라서 크리스천은 사회와 밀접한 관계 하에 생활하면서 주변 환경에 적지 않은 영향을 받게 된다. 이상적인 관점에서는 크리스천이 사회를 이끌고 분위기를 변화시켜야 하지만, 현실에서는 우리 모두가 주위 환경에 영향을 받고 또 영향을 미치는 상호작용 하에서 살아간다.

문제는 우리 사회의 전반적 분위기가 구성원들에게 끊임없이 돈 걱정을 하게 만든다는 것이다. 우리나라 사람들이 돈에 대해 얼마나 많이 근심하고 있는지는 최근의 한 조사를 보면 알 수 있다. 취업포털 잡코리아의 조사에 의하면 우리나라 성인남녀 10명 중 8명은 꼬리를 무는 걱정에 잠 못 든 적이 있다고 답했다. 20대의 가장 큰 고민은 취업이었고, 30대 이상은 돈과 노후가 가장 큰 걱정거리였다.

나 혼자만 안 쓰면 종자돈 된다?

'돈이 없으면 상황에 맞게 지출을 줄이면 되지 왜 걱정을 하는가?' 하고 반문할 수도 있다. 많은 재테크 서적들은 독자들에게 독한 마음으로 지출을 줄여 종자돈을 마련하고, 이 종자돈을 투자해 인생의 재정적 목표를 달성하라고 단순한 조언을 한다. 하지만 문제가 그리 간단하지는 않다.

현실에서 우리 지출의 상당 부분은 우리나라만의 특수한 사회 구조에 의해 야기된 것이다. 예를 들어 사교육비는 우리나라 교육의 구조와 밀접히 연관되어 있다. 단순히 경제적으로 어렵다는 이유나, 재테크 종자돈을 마련하기 위한 목적으로 교육비를 줄이다가 자칫 아이들에게 큰 상처를 줄 수 있다.

세상에 존재하는 모든 사회가 개인에게 지출을 강요하는 구조는 아닐 것이다. 유럽의 예를 들어보자. 그곳에서는 우리가 말하는 사교육이라는 개념이 사실상 없다고 봐도 된다. 또한 외식의 빈도도 우리나라에 비해 현저히 낮다. 식사하지 않고 커피를 마시거나 집에 초대하는 방식으로 얼마든지 내 상황에 맞는 방식으로 사람들과 어울릴 수 있다. 하지만 우리나라에서는 사회가 요구하는 방식에 맞게나 자신을 맞추지 않으면 사람들과 어울리기 힘들다. 우리나라에서는 다른 사람들의 눈높이에 맞추어 돈을 쓰지 않으면 사회생활에 상당한 어려움을 겪게 된다. 말하자면 우리는 돈이 없으면 많은 문제가 발생하는 구조의 사회에서 살고 있는 것이다. 대다수 사람들이 의식적으로 또는 무의식적으로 심각한 돈 걱정을 할 수밖에 없는 이유가 여기에 있다.

이 책을 읽고 있는 독자라면 이미 어느 정도 돈에 걱정이 있는 사

람일 가능성이 높다. 자신이 하는 걱정과 사회 구조와의 연관성을
점검해 보기 위해 스스로 다음의 간단한 질문에 답해 보기 바란다.

1. 돈 때문에 사람 만나는 것을 꺼린 적이 있는가?
2. 돈 걱정에 잠을 설친 적이 있는가?

만약 위의 질문에 모두 그렇다고 답했다면 당신의 돈 걱정은 사
회적 연결고리의 선상에 있다. 즉 돈 걱정에 개인의 사회적 활동이
제약을 받고, 이것이 다시 돈 걱정을 야기하는 악순환이 발생하고
있는 것이다. 아마 우리나라에서 적지 않은 사람들이 경험하고 있는
현상일 것이다.

이런 상황은 크리스천도 감내하기 쉽지 않다. 모든 것을 신앙으
로 극복하겠다고 다짐하지만, 일상생활에서 발생하는 사회적 요구
를 초월하기란 쉽지 않다. 살다 보면 어느덧 자신도 모르게 돈 문제
로 근심하고 의기소침해 있는 자기 자신을 발견하곤 한다.

경제 문제를 현실로 받아들이자

크리스천의 고질적 문제는 경제 문제를 애써 외면하려 한다는 것이다. 이들 중 상당수는 돈을 죄악시하거나 돈에 대한 관심을 '속물'의 생각으로 취급한다. 다른 이들은 경제 문제를 신앙과는 별개의 문제로 취급하면서 실생활과 신앙생활이 완전히 분리된 삶을 살고 있다. 분명한 것은 현실에서 대부분의 크리스천이 경제 문제로 인해 고통 받고 있다는 사실이다. 이 고통을 해결하기 위해 가장 먼저 해야 할 일은 경제 문제를 있는 그대로 받아들여야 할 필요가 있다. 현실을 외면해서는 문제를 해결할 수 없고 고민만 깊어지는 법이다.

경제 문제를 과장하거나 과소평가하지 말고 내가 처한 현실을 있는 그대로 바라보려고 노력해야 한다. 최대한 객관적으로 내게 닥친 경제 문제를 스스로 서술해 보자. 대출이자나 사교육비와 같은 가계 지출이 감당하기 힘든가? 아니면 돈을 모을 적절한 저축 방법을 찾고 있는가? 각 경제 활동에서 발생하는 문제들을 나열하고, 자신이 이해할 수 있도록 서술해 보자. 자신에게 솔직하게 돈 문제를 털어 놓고 스스로 이해하려고 노력하는 것에서부터 근본적인 해결책이 시작될 것이다.

2. 돈 걱정의 심리

심리학에 "돈 걱정 증후군"이라는 증상이 있다. 지금 당장 돈이 없는 것이 아닌데도 먼 훗날 돈이 없어질까 불안해하며, 이로 인해 식욕부진, 불면증, 두통, 우울증 등을 겪는 경우를 말한다. 그런데 이 증상을 겪는 사람의 대부분은 직장이 있고 재산도 상당히 축적했다고 한다. 말하자면 이 사람들은 돈에 대해서 불필요한 걱정을 하느라고 마음이 병든 것이다. 이 현상은 돈 걱정이 사회적 요인뿐만 아니라 인간 내면의 요인, 즉 심리적 요인에 의해서도 발생한다는 것을 보여 준다.

걱정은 불안과 생각의 결합체

심리학자들에 의하면 걱정은 불안과 생각이 결합될 때 발생한다. 인간은 본능적으로 불안을 느끼는데, 여기에 대해 의식적으로 자꾸 생각하면서 걱정으로 발전한다는 것이다. 예를 들어 원시시대 맹수가 공격하려 하는 상황이라면, 인간은 본능적으로 불안을 느끼고 달아나려 할 것이다. 그러나 맹수가 공격하지도 않는데 그 상황에 느끼게 될 불안에 대해 미리 생각한다면, 이것은 걱정이 된다. 따라서 불안과 생각, 이 둘 중 하나를 없앨 수 있다면 걱정도 사라진다.

불안이 인간의 본능이라면 생각은 이성에 해당한다. 인간이 본능적으로 불안을 느끼는 것은 생존을 위해서다. 불안이라는 감정은 인간으로 하여금 불확실한 상황에서 위험을 인지하고 사전에 대비하도록 만든다. 맹수가 코앞에 다가왔을 때 눈으로는 확인한 후 달아나기 시작한다면 살아남지 못할 것이다. 위험한 상황을 불안을 통해 충분히 빠르게 인지해야만 맹수로부터 안전하게 달아날 수 있다. 걱정의 기저에는 불안이라는 생존 본능이 있기에 강력한 힘을 발휘하는 것이다. 기본적으로 불안은 본능인 만큼 완전히 없앨 수는 없다.

그런데 이러한 본능이 인간의 이성을 만나면 문제가 발생한다. 인간의 이성은 위험과 관련된 가능성들을 미리 예상함으로써 실패 확률을 줄이고자 한다. 이성은 때로 굉장한 창의력을 발휘하여 있을 법하지 않은 위험까지도 상상한다. 이성은 모든 위험 가능성을 통제하려고 하는데, 심하면 인간관계, 돈, 시간, 일. 음식, 느낌, 행동 등 모든 것을 일제히 통제하려는 강박관념으로까지 발전하게 된다.

불안을 흘러가게 내버려 두라

불안에 대해서는 생각하면 할수록, 의식적으로 통제하려 하면 할수록 더 많은 걱정이 되어 돌아온다는 특성이 있다. '잘못되면 어쩌지?' '실패하면 어쩌지?' 하는 두려움이 현재와 미래의 상황을 비약시키는 것이다. 그러나 아이러니하게도, 통제하려는 마음을 버리면 불안이 사라진다. 불안을 본능으로 인정하고 더 이상 생각하지 않으면, 시간이 지나면서 소멸해 버린다. 따라서 불안에 대해 너무 생각하거나 인위적으로 대비하려고 하지 말아야 한다. 즉 불안을 이기려하는 것이 아니라 그 자체를 놓아 버려야 한다.

불안에 대처하는 좀 더 적극적인 대처방법은 걱정하는 일이 일어나더라도 괜찮다고 생각하는 것이다. 사실 우리 인생에서 변화는 끊임없이 일어난다. 대부분의 사람은 취직을 하기도 하고 퇴직을 하기도 한다. 돈을 잃기도 하고 벌기도 한다. 현실적으로 평생 직장에서 고소득자로 인정받고 살 수는 없는 일이다. 그러나 상황이 바뀌면 바뀐 대로 사람은 대처해 나가는 능력이 있다. 모두 지금까지 그렇게 살아오지 않았는가? 하나님이 자신에게 문제가 발생하면 해결할 능력을 주신 것을 믿어야 한다. 지레 미래의 일을 상상하고 걱정할 필요가 없다.

요약하면 돈 걱정에 대한 심리적 원인은 '과잉 생각'에 있다. 이에 대해 성경에서는 다음과 같이 말씀하고 있다.

내게 주신 은혜로 말미암아 너희 각 사람에게 말하노니 마땅

히 생각할 그 이상의 생각을 품지 말고 오직 하나님께서 각

사람에게 나누어 주신 믿음의 분량대로 지혜롭게 생각하라

(롬 12:3).

불안에 대해 너무 많이 생각하지 말고 그대로 지나가게 내버려
두자. 성경 안에서 우리의 생각을 정리하면 불안이 걱정으로 발전하
지 않을 것이다.

경제적 오판들

너무 많은 생각은 불안을 증폭시키고 걱정을 야기한다. 논리적으
로 근거 없는 생각이라면 더더욱 불필요한 걱정의 원인이 된다. 경
제적인 측면에서 보면, 걱정을 야기하는 대부분의 생각들은 잘못된
판단에서 비롯되었다. 오판의 몇 가지 유형을 살펴보자.

첫 번째 유형은 위기를 과대평가하는 것이다. 많은 사람들은 걱
정할 때 최악의 경우를 가정한다. "내가 갑자기 죽으면 가족은 누가
먹여 살리지?" "중국이나 유럽의 경제가 주저앉으면 어쩌지?" 하고
걱정한다. 그러나 통계적으로 40대 가장이 죽을 확률은 0.004퍼센
트에 불과하다. 이런 걱정들은 현실적인 것처럼 들리지만, 실제 일

어날 확률은 무시해도 될 만큼 낮다. 또한 경제에는 위기가 오면 균형을 향해 반대로 작용하는 힘이 존재한다. 수많은 경제 위기에도 세상은 망하지 않았다.

두 번째 유형은 자신이 처한 상황을 잘못 평가하는 것이다. 많은 사람들이 노후를 걱정할 때 10-20억 원의 자금을 목표로 한다. 그리고 그 돈을 모을 수 없는 자신의 현재 처지를 비관한다. 그러나 통계청의 발표에 의하면 우리나라 가계의 부동산을 포함한 순 자산 평균은 2억 8천만 원에 불과하다. 왜 당신만 10억 원이 넘는 노후자금이 필요하다고 생각하는가? 은퇴한 이후 자신의 삶의 패턴이 갑자기 갑부와 같아져야 한다는 전제는 올바로 된 것이라고 보기 어렵다.

세 번째 유형은 자기 자신을 신뢰하는 못하는 데서 기인한다. 앞서 설명한 "돈 걱정 증후군"에 시달리는 사람의 대부분은 자신이 우려하는 상황이 발생한다고 해도 경제적으로 대처할 능력이 충분히 있는 사람들이라고 한다. 이들이 돈 걱정을 하는 이유는 자신에 대한 믿음이 부족하기 때문이다. 혹시라도 그때 가서 대처할 능력이 없다고 한다면 어차피 지금부터 고민할 필요가 없지 않겠는가?

걱정을 만들지 않기 위해서는 잘못된 판단을 하지 않는 것이 중요하다. 경제적으로 과장된 평가, 근거 없는 판단, 자신에 대한 불신

등은 불필요한 돈 걱정을 야기한다. 현실을 냉철하게 판단하기 위해서는 경제에 대한 지식이 필요하다. 이 책에서는 크리스천이 알아야 할 경제 지식들을 소개할 것이다.

3. 두려움이 가난하게 만든다

미래를 확실히 알면 걱정이 사라질까? 사람들은 걱정의 가장 근본적인 이유가 미래를 알지 못하는 데 있다고 생각한다. 최근 한 설문에서 걱정의 원인에 대해 조사한 바 있다. "걱정의 원인이 무엇이라고 생각하는가?"라는 질문에 응답자의 78퍼센트가 "막연한 미래에 대한 두려움"을 꼽았다.*

사실 인간의 입장에서 미래는 확실히 알 수 없는 것이다. 아무리 과학이 발달해도 인간이 미래를 정확히 알 수 없다는 사실에는 변함이 없다. 미래의 불확실성에 사람들은 불안해하고 걱정한다. 혹시라도 '자신이 대처할 수 없는 사건들이 발생할까?' 걱정하는 것이다.

* 취업 포털 잡코리아 2016년 조사 결과

인간이 불확실한 미래에 대처하는 방법은 미래에 대한 정보를 많이 수집하는 것이다. 발생 가능한 사건을 분석하고 계산하여 최대한 이성적으로 결정하는 것이다. 미래에 대한 정보가 많으면 많을수록 발생 가능한 사건에 대한 확률은 정확해지기 마련이다. 통계학의 "대수의 법칙"에 따르면 관측 대상의 수가 많으면 통계적 추정의 정밀도가 향상된다. 이 때문에 사람들, 특히 자본시장의 투자자들은 미래에 발생할 사건에 대해 갖은 정보를 수집하고, 이를 분석하여 최대한 이성적으로 결정하려고 노력한다. 미래의 일들에 대한 확률을 비교적 정확하게 알고 있다면 부자가 될 수 있을까?

결론부터 말하자면 그렇지 않다. 여기에 대한 유명한 사례를 살펴보자. 18세기 스위스의 수학자 "베르누이"는 상트페테르부르크를 여행하던 중 재미있는 사실을 발견했다. 한 도박장에서 상금이 무한대인 동전게임을 제안했다. 기대 이익, 즉 이익배당금과 당첨될 확률을 곱한 값이 무한대인 게임이었다(24페이지 참조). 이성적으로 생각하면 기대되는 이익이 기대되는 손실보다 항상 높기 때문에 무조건 참여해야 하는 게임이었다. 하지만 사람들은 도박장의 제안에도 돈을 잃을 것을 우려해 게임에 참여하지 않았다. 인간의 행동이 이성적 판단에 근거한다고 전제한다면 이해하지 못할 아이러니였다. 이런 현상을 경제학에서는 "상트페테르부르크의 역설"이라고 부른다.

인간은 불확실한 미래에 대해 결정할 때 두 가지 변수를 고려한다. 하나는 미래에 발생할 일에 대한 객관적인 확률이고, 또 다른 변수는 위험에 대한 자신의 효용이다. 객관적으로 미래에 이익을 볼 확률이 아무리 높다고 하더라도, 주관적으로 손실을 볼 위험이 높다고 생각하면 효용이 감소하여 투자를 꺼리게 된다. 대부분의 사람들은 이와 같이 위험회피적 성향을 본능으로 가지고 있다.

위험회피적 성향은 인간의 기본적인 생존에 도움을 주는 측면이 있지만, 걱정으로 인해 지나치게 위험을 회피하다 보면 인생에서 주어지는 기회를 잃어버리기 쉽다. 예를 들어 수익률이 높은 프로젝트를 수행할 기회가 있음에도 실패할 걱정이 앞서 업무를 회피한다면 직장에서 인정받지 못할 것이다.

심리학자인 어니 젤린스키에 의하면 우리가 하는 걱정의 대부분은 공상에서 비롯되었다고 한다. 우리가 하는 걱정의 40퍼센트는 절대로 일어나지 않으며, 30퍼센트는 이미 일어난 일에 관한 것이고, 22퍼센트는 굳이 걱정할 필요가 없을 정도로 사소하다. 4퍼센트는 걱정해 봤자 어쩔 수 없고, 나머지 4퍼센트는 충분히 우리 힘으로 바꿔놓을 수 있는 문제이다. 결국 대부분의 걱정은 비합리적 유추에서 비롯되었고, 우리에게 불필요한 것이라는 것이다. 불필요한 걱정은 현실을 왜곡시키고 자기가 처한 위험을 비이성적으로 크게 보이게 만든다.

성경에서는 걱정하지 말라고 했다. 사도 바울은 "아무 것도 염려하지 말고 다만 모든 일에 기도와 간구로, 너희 구할 것을 감사함으로 하나님께 아뢰라(빌 4:6)."고 했다. 지나친 걱정은 신앙을 갉아먹을 뿐만 아니라 우리에게서 경제적 기회도 앗아간다는 것을 알아야 한다.

상트페테르부르크의 역설

1738년 스위스의 수학자인 베르누이가 상트페테르부르크의 도박장에서 다음과 같은 게임 안내문을 내건 것을 보았다.
"동전 하나를 가지고 한 번 던져서 앞면이 나올 경우 당신은 1만 루블의 상금을 얻게 된다. 그리고 이 경우 동전을 한 번 더 던질 수 있는 기회를 얻게 되는데, 또 앞면이 나왔을 경우 당신은 2만 루블을 받게 된다. 계속 앞면이 나오는 한, 게임 참여자는 계속해서 이전 상금의 2배의 돈을 얻게 되지만, 한 번이라도 뒷면이 나올 경우 그 게임은 끝난다."
이 '상트페테르부르크 게임'은 숫자가 나올 때까지 계속해서 동전을 던지는 단순한 게임이다. 이 게임의 기대 이익(이길 확률과 상금을 곱한 값)은 다음과 같다.

$$E = 1/2 \cdot 10000 + 1/4 \cdot 20000 + 1/R \cdot 40000 \cdots = \infty$$

게임 참가자는 첫 번째 라운드에서 1/2의 확률로 1만 루블을 얻게 된다. 즉 기대값은 5천 루블이 된다. 다음 판에는 1/4의 확률로 2만 루블을 얻게 되며, 그 다음 판에서는 1/8의 확률로 4만 루블을 얻게 된다. 계속해서 이들의 기대 값을 모두 더하면 무한대가 나온다. 이 도박의 총 기대값은 무한대가 된다. 즉 게임 한 판당 평균적으로 얻을 수 있는 상금이 '무한대'라는 것이다. 이는 확률적으로 볼 때, 이 도박에 아무리 많은 돈을 투자하더라도 이익을 보게 된다는 말과 같다. 10억 루블을 걸어서라도 이 도박을 해야 하지 않을까? 그러나 대다수의 사람들은 이 도박에 참여하지 않았고, 참여 의사가 있는 사람들도 소액의 돈만을 걸었다. 그 이유는 사람들이 확률에 근거한 기대 이익을 따라 결정하지 않고, 자신이 느끼는 효용의 기대치에 따라 선택한 데 있다. 인간의 효용은 사람에 따라 차이가 있지만, 위험이 높아지면 감소한다는 특징이 있다. 즉 객관적인 이익의 확률이 높음에도 위험이 높아지면서 사람들의 효용이 감소하기 때문에 사람들은 이 게임에 참여하지 않는 것이다.

4. 경제와 신앙의 이분법을 극복하라

많은 크리스천이 경제 문제를 두려워하고 있다. 두려움은 신앙생활의 적이라는 사실을 잘 알면서도 말이다. 두려워하게 되면 기쁨과 평안이라는 신앙의 열매를 얻기 어렵다. 더 나아가 자칫 인생의 행복까지 잃어버리게 된다. 교회에 와서 예배드리는 것으로 단번에 근심과 두려움이 사라지면 좋겠지만, 현실은 그렇지 못하다.

크리스천으로서 경제 문제에 대한 두려움을 극복할 현실적인 방법은 없는 것일까? 그러기 위해서는 먼저 자신이 왜 경제 문제를 두려워하는지 그 원인을 이해하는 것이 중요하다.

이충만과 김은혜, 두 사람은 주일학교를 같이 다닌 오랜 친구다. 이 두 사람이 경제에 대해 대화하는 것을 들어보자.

이충만: 지난 기도회 때 너를 못 봤는데….

김은혜: 응, 난 이제 주일예배 정도만 참석하려고 해. 참, 내가 지난번 달러화 채권 펀드 추천했었지?

이충만: 사실 어떻게 해야 할지 아직 잘 모르겠어. 그런 것에 관심이 없어서 잘 모르겠어. 교회 생활부터 충실히 하고 나

중에 생각할래.

김은혜: 그러다가 언제 돈을 모으려고 그래? 나중에 너희 애들도 고학년이 되면 사교육비도 많이 들 텐데.

이충만: 하긴 애들 미래를 생각하면 걱정이 되기도 해. 그런데 너는 왜 그렇게 열심히 돈을 모으니?

김은혜: 빨리 부자가 돼서 하고 싶은 일 하면서 편안하게 살고 싶어.

이충만: 부자? 하고 싶은 일? 하나님께서 정말 원하시는 일일까?

김은혜: 글쎄….

위의 두 사람은 교회에서 통상 많이 볼 수 있는 젊은이들이다. 이 두 친구는 서로 다른 형태로 경제적 문제에 대해 근심을 하고 있는 것처럼 보인다. 그러나 자세히 살펴보면 이들의 둘 다 경제와 신앙을 구분하여 생각한다는 공통점이 있다. 대개 크리스천들에게는 경제와 관련하여 다음과 같은 두 종류의 이분법이 존재한다.

첫 번째 이분법은 이충만과 같이 교회 생활을 열심히 하는 사람에게서 나타난다. 이들은 실생활에서 아예 경제 문제와 담을 쌓으려는 경향을 보인다. 세속적인 일들 때문에 근심하는 것을 비신앙적이라고 규정하고 경제적 고민 자체를 경계한다. 따라서 이들은 재테크

나 경제 환경의 변화에 대해서 잘 알지 못하고 관심도 별로 없다. 하지만 현실에서는 경제 문제가 이들에게도 고민이 아닐 수 없다. 현실의 문제를 외면하면서 고민의 골이 깊어만 간다.

두 번째 이분법은 김은혜와 같이 비교적 자유롭게 신앙생활을 하는 크리스천들에게서 발생한다. 이들은 친구에게 달러화 채권 펀드를 추천할 정도로 재테크와 경제에 관심이 많다. 이들의 특징은 경제 활동과 신앙이 무관하다고 생각하는 것이다. 돈에 관심을 가질수록 온갖 경제적 걱정이 엄습하지만, 이들은 신앙의 힘으로 극복하려 하지 않는다. 세상의 방식대로 돈 문제를 고민할수록 근심은 깊어만 간다.

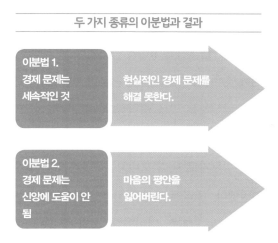

두 가지 종류의 이분법과 결과

이분법 1.
경제 문제는
세속적인 것

현실적인 경제 문제를
해결 못한다.

이분법 2.
경제 문제는
신앙에 도움이 안
됨

마음의 평안을
잃어버린다.

오늘날 많은 크리스천들이 경제 문제에 대해서 이분법에 빠져 있다. 교회의 가르침과 세상이 돌아가는 현실은 별개라는 인식이 은연중에 팽배해 있는 것이다. 이러한 이분법은 문제를 해결하지 못하고 경제적 고민을 키우는 원인이 된다. 그러나 교회와 세상을 구분 짓는 이분법을 극복해야만 경제적 두려움을 극복할 수 있다.

가치와 현실 연결하기

이분법은 경제와 신앙을 분리시키면서 심각한 문제를 야기한다. 신앙은 크리스천의 내면적 가치를 형성하며, 경제는 일상에서 발생하는 현실이다. 지향하는 가치기준과 현실이 서로 분리되어 있을 때 인간에게는 불만과 갈등이 발생하게 마련이다.

나는 국내에서 한 외국계 회사에 근무할 때 가치와 현실 사이에 심각한 괴리가 발생하는 것을 경험했다. 새로 부임한 외국인 사장이 당시의 회사 조직 전체를 통째로 바꾸어 놓았다. 나이 많은 기존의 책임자들을 실무자로 내려 보내고 그 밑에 있던 젊은 직원들을 책임자로 임명했다. 조직에 긴장과 활력을 불어넣으려는 의도였으나, 막상 우리에게는 난감한 일이었다. 서양에서는 나이와 지위의 높낮이가 그리 큰 관련이 없으므로 이런 조직개편이 별문제가 안 된다. 하지만 나이 많은 사람을 존경하는 유교적 가치관 하에서 교육을 받은 한국 직원들에게 나이와 근무연수를 초월한 조직개편은 고민일 수밖에 없었다. 젊은 책임자들이 나이 많은 부하 직원을 어려워해서 지시를 내리지 못하고 쩔쩔매는 경우가 다반사였다. 모른 척하고 업무에 집중하는 게 서로 편하다고 할지 모르겠지만, 현실은 그렇지 않았다. 대부분의 한국인 직원들은 자신이 배운 유교적 가치와 조직의 현실 간의 괴리 때문에 괴로워하며 고민했다. 당시 많은 사람이 회사를 떠났는데 그중에는 젊고 유망한 직원들도 꽤 있었다.

크리스천에게 있어서 신앙적 가치와 경제적 현실이 분리되면 우리는 위의 사례에서와 같이 갈등하게 되고, 심하면 행복을 잃어버린다. 즉 이분법적 사고는 경제 문제에 대한 근심을 더 하는 원인이 되는 것이다. 따라서 경제적 현실과 신앙적 가치를 연결해야 마음의 불편함을 극복하고 진정한 평안을 누릴 수 있다.

앞의 외국 기업 사례에서, 조직개편의 문제를 훌륭하게 해결하고 유독 분위기가 좋았던 부서가 하나 있었다. 이 부서에서는 젊은 부서장과 나이 많은 부서원이 대화를 통해 현실에서 발생한 문제에 대해 인식을 공유했다. 그리고 업무는 서로 공정하게 처리해야 한다는 데 대해 동의하되, 젊은 상사는 여전히 나이 많은 직원들에 대한 존경심을 나타냈다. 이 모습을 지켜본 다른 부서원들도 편안한 마음으로 근무하기 시작했다. 이 부서는 젊은 부서장이라는 현실과 장유유서라는 가치체계를 연결함으로써 구성원들이 겪을 수 있는 심리적 불안요인을 훌륭히 해결했다.

우리는 경제 문제를 신앙과 연결 짓기 위해 노력해야 한다. 경제 문제를 외면하거나 신앙이 경제를 해결할 수 없다는 시각은 바람직하지 않다. 현실에서 발생하는 경제 문제를 신앙의 시각으로 보기 위해서 노력해야 한다. 그러기 위해서는 무엇보다 경제 문제를 주 앞에 가지고 나와 기도해야 한다. 자, 경제 문제에 대해서 신앙인으로서 마음의 닫힌 문부터 열자.

크리스천이
이기적이어도
되나요?

· · · · · · · · · · · · · · · · · · ·

우리가 고기와 술, 빵을 먹으며 저녁식사를 할 수 있는
것은 푸줏간 주인이나, 양조업자, 빵집 주인이 관용을 베
풀어서가 아니다. 그들은 그저 자신의 이익을 중시했을
뿐이다.

_아담 스미스

어렸을 때 친구를 따라 참석한 어느 교회 예배 시간이었다. 예배 중간에 모두가 자기 가슴을 치며 "나 때문이오, 나 때문이오, 나 때문이오."라고 탄식하며 가슴을 치는 예식이 있었다. 당시 사회의 부조리와 이웃의 아픔을 다른 사람의 책임으로 돌리는 것이 아니라 내가 책임을 지겠다고 고백하는 행위였다.

신앙인으로서 책임을 지려는 자세는 기본적으로 매우 훌륭한 일이다. 그러나 책임만을 지나치게 강조하다가는 자칫 개인의 모든 욕구를 탐욕으로 몰아가기 쉽다. 특히 크리스천은 이기심에 대해서 남보다 자신을 앞세우는 죄악 된 심성이라고 생각하는 경향이 있다. 문제는 이런 태도가 이중적이라는 데 있다. 한편으로는 크리스천 역시 본성적으로 이기적인 인간임에도 다른 한편으로 사적인 이익 추구 행위를 죄악시 하는 것이다.

여기서 이 문제를 다루고자 하는 이유는 인간의 이기심이 경제에 있어서 매우 중요한 요소이기 때문이다. 모든 경제 활동의 기본적인 동력이 이기심에 있다. 이기심을 제대로 알지 못하면 경제가 돌아가는 내용을 이해할 수 없을 뿐 아니라 자신의 경제 활동도 온전히 이루어질 수 없다. 더욱이 마음은 죄책감으로 가득 차게 된다.

우리는 먼저 이기심 자체를 하나님께서 주신 자연스러운 성품으로 받아들이는 것이 중요하다. 하나님의 피조물인 나와 다른 사람들의 기본적인 성품을 이해한다면 경제를 지혜롭게 활용할 수 있게 될 것이다. 물론 이기심이 잘못된 방향으로 발산되면 탐욕이 된다. 이것을 구분하는 것 역시 신앙인의 지혜다.

1. 이기심 올바로 이해하기

자본주의의 아버지로 불리는 아담 스미스에 따르면 이기심은 인간의 본성에 해당한다. 그는 이기심을 설명하기 위해 중국에서 발생한 지진과 새끼손가락의 종양을 비교했다.

> 우리와 멀리 떨어져 있는 중국에서 갑작스런 지진으로 인해
> 수만 명의 사람들이 죽었다고 생각해 보자. 당신은 과연 어떤
> 반응을 보일 것인가? 짐작컨대 우선 당신은 불행한 중국인들
> 에게 닥친 불운을 매우 애도할 것이다. 그리고 인간의 목숨이
> 바람 앞의 등불처럼 위태롭다는 사실에 비통해하며 자신의 심
> 경을 표현할 것이다. 그리고 자신의 감정과 의견을 적절하게

표출하고 난 뒤, 그런 끔찍한 사건이 언제 일어났느냐는 듯, 아주 편안하게 다시 하던 일을 하거나 놀거나 휴식을 취한 뒤 곤히 잠들 것이다.*

중국에서의 지진은 끔찍하긴 하지만 매우 먼 곳의 이야기다. 오늘날 대다수의 사람들은 마음으로 죽은 사람들을 애도하겠지만 큰 변화 없이 일상생활을 지속할 것이다.

그러나 당신의 새끼손가락에 작은 종양이 생겼다면 어떻게 반응할 것인가? 조직검사 결과 다행히 다른 신체 부위는 건강하지만 종양의 전이를 막기 위해 새끼손가락을 절단해야 한다고 상상해 보라. 인생에서 새끼손가락이 없다고 크게 불편한 것은 아니다. 기타 칠 때 좀 불편할 뿐 평상시 하던 대부분의 일을 그대로 할 수 있다. 그러나 당신은 아마 검사 결과를 통보받은 오늘, 자신이 당한 불운에 고통스러워 쉽사리 잠들지 못할 것이다. 이렇듯 먼 곳의 대규모 사망 사건보다 자신의 작은 불운에 더 고통스러워하는 것이 인간이다. 좋든 싫든 대부분

* 『내 안에서 나를 만드는 것들』 아담 스미스, 러셀 로버츠 저, 이현주 역, 2015, 세계사.

인간이 이기적인 데는 이유가 있다. 이기심은 인간의 생존에 필요한 성품이다. 멀리서 일어나는 큰 사고에 신경을 쓰는 것보다 자신에게 일어날 사소한 사고에 집중하는 것이 생존에 더 도움이 된다. 이기심의 기본적인 의미는 자신에게 가장 이익이 되는 것을 선택한다는 데 있다. 인간이 살아남기 위해서는 자기에게 좋은 것들을 골라서 선택을 할 수 있어야 한다.

당신이 탄 배가 난파하여 무인도에 표류하였다고 상상해 보자. 그곳에서 썩어 문드러진 바나나와 싱싱한 야자 중 하나만 선택할 수 있다면 무엇을 선택해야 하겠는가? 싱싱한 야자를 선택해 몸에 수분과 영양소를 공급하는 것이 살아남는 데 도움이 될 것이다.

순간순간 자신에게 필요한 것을 선택하는 기본적인 이기심은 인간에게 생존을 위한 본성으로, 이 역시 하나님께서 주신 것이다. 이기심은 남을 해하거나 불의한 방법을 택하는 것이 아니라 기본적으로 생존에 필요한 일을 하는 것이다.

이기심이 경제를 움직인다

특히 경제에 있어서 이기심은 중요하다. 모든 경제 활동의 기본적인 동력이 이기심에서 비롯되기 때문이다. 아담 스미스는 다음의 유명한 문장을 남겼다.

> 우리가 고기와 술, 빵을 먹으며 저녁식사를 할 수 있는 것은 푸줏간 주인이나, 양조업자, 빵집 주인이 관용을 베풀어서가 아니다. 그들은 그저 자신의 이익을 중시했을 뿐이다. 때문에 우리는 그들과 거래할 때 그들의 인간애가 아닌 자기애(또는 이기심)에 호소한다.

모든 사람이 자신의 이익을 중요시하기 때문에 상품과 서비스를 생산한다. 그리고 이익을 얻기 위해서 생산된 재화들을 시장에서 거래한다. 근본적으로 경제 전체가 인간의 이기심에 기반하여 움직이는 것이다. 따라서 우리는 나와 그리고 다른 사람들이 본성적으로 이기적이라는 사실을 이해해야 할 필요가 있다.

자신의 이기적인 본성을 인정하는 것은 매일 자신을 짓누르는 죄의식에서 해방되는 길이다. 본성을 일방적으로 거부하면 마음이 힘들어지기 때문이다. 많은 사람들이 이기심을 이웃 사랑과 대치되는 의미로 잘못 받아들이는 경향이 있다. 하지만 우리는 자신을 사랑할 수 있어야 이웃도 온전히 사랑할 수 있다는 것을 기억해야 한다. 나의 존재가 건강해야 이웃도 사랑할 수 있다는 의미다.

또한 우리는 자신 뿐 아니라 다른 사람의 이기심도 이해할 수 있어야 한다. 간혹 교회 중직자의 이기적인 행동에 실망하는 크리스천들이 있는데, 이런 생각은 자신의 신앙만 깎아먹을 뿐이다. 성직자나 교회 중직자도 모두 이기적인 인간으로, 본능적으로 자신의 생존을 위해 노력한다. 성경에서는 '의인은 하나도 없다(롬 3:10).'고 하지 않았던가? 우리는 모두 성자가 아니라 죄인으로 살아가면서 성화되는 과정을 거칠 뿐이다. 기본적으로 우리가 모두 이기심을 가지고 살아갈 수밖에 없다는 사실을 인정하자. 나의 이기심에 대해서 자책하지 말고 다른 사람의 이기심도 정죄하지 말자. 이때 우리는 비로소 마음의 평정심을 얻게 될 것이다.

2. 다른 사람도 이기적이다

인간의 본성이 이기적이라는 것은 아마 누구나 어렵지 않게 인정할 것이다. 문제는 자신이 이기적인 것만큼 다른 사람들도 각자의 이익을 매우 중요하게 생각한다는 사실을 자주 망각한다는 데 있다. 이런 망각은 인간이 스스로가 온 우주의 중심이라고 생각하는 성향에서 비롯된다. 사람들은 인생이라는 드라마의 주인공은 자신이고, 모든 다른 사람은 조연일 뿐이라고 생각하는 경향이 있다. 자기는 주인공으로서 조연들과 세상에 일어나는 일들을 관찰하고 판단한다. 아담 스미스에 따르면 인간은 휴머니스트라고 할지라도 자기중심적으로 생각한다. 그렇기 때문에 먼 나라, 예컨대 중국에서의 지진으로 알지 못하는 사람들이 입은 피해는 금세 잊어버리지만 당장 자기 새끼손가락에 난 종양에는 견디기 힘들어 한다는 것이다.

그러나 다른 사람들의 이익을 간과하고 자기중심적으로만 생각하는 사람은 경제적으로 성공하기 힘들다. 모든 경제 활동은 타인에게 원하는 것을 주고 내가 원하는 것을 받는 거래의 형태로 이루어지기 때문이다. 우리는 돈을 벌기 위해 회사에서 원하는 바대로 일을 한다. 고기를 먹기 위해서는 정육점에서 고기 값을 지불한다. 좋은 조건으로 대출을 받기 위해서는 해당 은행의 각종 부가서비스를 이용해야 한다.*

그러나 우리는 타인이 자기 이익을 매우 중요하게 생각한다는 것을 망각하는 경우가 많다. 취업 준비생들은 입사지원서에 자신의 스펙만을 강조하는 실수를 자주 범한다. 많은 지원자는 자기소개서에 다음과 같은 메시지를 담는다.

"나는 다양한 스펙을 가진 정말 뛰어난 인재이며, 이 회사에서 일하는 것이 내 꿈입니다!"

대부분의 지원자들은 자신의 입장을 설명하는데 정신이 팔려서 상대방의 이익은 등한시하기 쉽다. 그러나 상대방 역시 자신의 이익을 중요시 여기기 때문에 채용에 나섰다는 사실을 망각하지 말아야 한다. 만약 채용자의 입장을 이해하고, 자신이 상대에게 이익을 줄 수 있다는 것을 현실성 있게 설명한다면, 스펙을 강조하지 않고도 취업에 성공할 것이다. 채용자가 궁극적으로 원하는 것은 스펙이 아니라 자신의 문제를 해결해 줄 수 있는 사람이다.

많은 기업들은 고객의 입장은 고려하지 않고 자사 제품의 우수성을 강조하는 데 영업의 초점을 맞춘다. 그러나 기술적으로 아무리

---

* 현실에서의 이런 대출 관행이 합법적인지에 대해서는 논란이 있다. 그렇기 때문에 소비자는 금융기관이 진정으로 원하는 것이 무엇인지 알아내는 데 주의를 기울여야 한다.

혁신적인 제품이라고 할지라도 고객의 이익에 부합하지 않으면 판매되지 않는다. 제품 자체보다 고객이 얻을 수 있는 이익을 설명하는 데 주력해야 한다. 고객이 인정하는 제품은 비록 혁신성이 떨어진다고 할지라도 그 매출이 현저히 증가할 것이다.

3. 다른 사람의 이기심 활용하기

크리스천으로서 이기심을 활용하는 방법은 역발상에 있다. 즉 내 욕심을 채우기에 앞서, 다른 사람들이 나만큼 이기적이고 자기를 사랑한다는 사실을 이해하는 것이다. 타인에게 관심을 가지고 도움을 주는 것은 기독교의 원칙이기도 하다.

이런 성경적 가르침은 경제적 성과를 얻는데도 유용하다. 경제에서 우리는 타인의 이익을 감안해야, 비로소 내가 원하는 것도 얻을 수 있고, 궁극적으로 성공할 수 있기 때문이다. 아담 스미스는 "우리는 원하는 것을 얻고자 할 때 우리가 필요한 것을 말하지 않고, 상대방에게 유리한 것을 제시한다."고 말했다. 그렇다면 어떻게 상대방이 원하는 것을 효과적으로 제시할 수 있을까?

첫째, 상대방에 대한 관심을 가져야 한다. 경제에서는 상대방이 원하는 것이 뚜렷하게 정해진 경우가 있다. 예를 들어 상점에서 가격표대로 돈을 지불하면 물건을 살 수 있다. 이런 경우 원하는 것을 얻는 일은 쉽다. 반대로 상대방이 원하는 바가 뚜렷하게 드러나지 않은 경우도 있다. 예를 들어 고객의 잠재된 수요는 표면에 드러나지 않기 때문에 관심을 가지고 살펴보지 않으면 알 수 없다. 취업 시장에서 기업들이 채용에 나서는 진짜 동기를 말하지 않는 경우가 많다. 기업이 채용에 나설 때는 기존 사업의 성장, 신사업 구축 또는 퇴사로 인한 대체인력 확보 등 다양한 동기가 있다. 채용의 동기에 관심을 기울여야 기업이 정말 원하는 것이 무엇인지 알 수 있게 되고, 취업의 가능성 또한 높아진다.

둘째, 상대방의 말을 경청해야 한다. 대화할 때 우리는 보통 자신의 입장을 말하지 못할까 조바심을 낸다. 그러나 더 중요한 것은 상대방의 입장을 듣는 것이다. 뛰어난 영업사원은 청산유수로 제품을 잘 설명하는 사람이 아니다. 현장에서 인정받는 영업사원들은 고객의 이야기를 주의 깊게 듣는다는 공통점이 있다. 그래야만 무엇이 고객에게 이익이 될지 찾아낼 수 있고, 자신의 실적을 올릴 방법도 알게 되는 것이다.

셋째, 희생이 있어야 한다. 극단적으로 자신만 생각하는 이기주의자들은 상대방에게 얻으려고만 하고, 자신의 것을 주려고 하지 않는다. 이래서는 거래가 이루어지지 않는다. 상대방이 원하는 것을 과감히 줄 때, 비로소 자기가 원하는 것을 얻을 수 있다.

다른 사람에 대한 관심과 경청 그리고 희생은 모두 성경이 우리에게 가르치는 바다. 잠언에서는 다음과 같이 말씀하고 있다.

> 네 손이 선을 베풀 힘이 있거든 마땅히 받을 자에게 베풀기를 아끼지 말며(잠 3:27).

4. 경계해야 할 이기심

인간의 본성이 이기심으로만 이루어졌다면 우리 주위에 일어나는 선한 일들은 어떻게 설명할 수 있을까? 사람들은 무명으로 자선단체에 기부하기도 하고, 지구 저 편의 평화를 위해 기도하기도 한다. 또 자신에게 아무런 이득이 없을지라도 다른 사람의 행복을 진심으로 바라기도 한다. 인간은 본성적으로 다른 사람의 운명과 처지에 관심을 갖는다. 만약 인간이 자신의 이익을 위한 일만 한다면, 우리 주위에 일어나는 선한 일들을 설명할 수 없을 것이다. 그러나 인간은 이기심뿐만 아니라 나 외의 다른 사람을 사랑하는 마음과 기본적인 도덕성을 타고났다.*

나 자신 말고도 다른 사람을 사랑하는 이 마음은 창조시 인간에게 부여된 하나님의 형상이다(창 1:26). 우리가 하나님과의 관계를 밀접히 할수록 우리 안에 하나님의 형상은 더욱 뚜렷해진다. 따라서 크리스천은 창조의 질서대로 하나님의 형상에 맞게 살아야 한다. 이기심의 도가 지나쳐 남을 해치거나 다음과 같이 탐욕으로 발전하는 행위를 경계해야 한다.

· 지나치게 많은 것을 가지고자 하는 탐욕은 인간을 파멸에 빠뜨린다.
· 다른 사람에게 피해를 주는 이기심도 곤란하다. 남이야 어떻게 되든 나만 잘
  되면 된다는 생각은 삐뚤어진 이기심이다.
· 신앙적 가치보다 눈앞의 이익을 우선시 하는 것도 경계해야 한다.

* 『내 안에서 나를 만드는 것들』 아담 스미스, 러셀 로버츠 저, 이현주 역, 2015, 세계사.

크리스천은 인간의 기본적인 이기심을 용납하되 탐욕에 해당하는 것들을 경계해야 한다. 이기심과 탐욕을 제대로 구분하기 위해서는 평상시 온전한 경건생활이 전제되어야 할 것이다.

크리스천이 금융을 어떻게 받아들여야 하나요?

. . . .

크리스천의 성공적 자산 관리를 위한
첫걸음은 금융을 올바로 이해하는 것이다.

많은 크리스천에게 있어서 금융은 찜찜한 존재다. 돈과 관련된 일을 하면 마치 형제를 착취하는 것 같은 기분이 들기도 한다. 그래서 과거 서방의 기독교 세계는 오랫동안 금융업을 법으로 금지하기도 했다. 돈을 빌려 주고 이자를 수취하는 전통적인 금융업은 오랫동안 비크리스천인 유대인들의 전유물이었다.

그러나 차츰 화폐의 기능이 발달하면서 금융을 모르면 경제를 이해할 수 없는 시대가 되었다. 특히 개인의 재산을 관리하고 불리기 위해서는 금융상품이 필수적이다. 크리스천 역시 막연한 거부감보다는 금융을 바르게 이해하고 활용하는 방법을 찾아야 한다.

1. 이자를 받아도 되나요?

베니스를 방문해 본 사람이라면 누구라도 그 아름답고도 화려한 경관에 감탄하였을 것이다. 바다 위에 낸 수로를 따라 배를 타고 형형색색 빼곡히 들어선 중세와 고대 양식의 건물들 사이를 가로지르다 보면 마치 동화 속의 나라에 온 듯한 착각을 하게 된다. 그 자체로서 예술작품인 수려한 다리를 지나 도시 중심부에 있는 웅장한 마르코 광장에 다다르면 과연 이곳이 중세 지중해 무역의 중심지였음을 어렵지 않게 이해하게 된다.

재미있는 것은 베니스가 해상무역의 중심지로 발전하게 된 배경이 중세시대 '이자금지법'에 있었다는 사실이다. 당시 가톨릭교회는 "네가 형제에게 꾸어주거든 … 모든 것의 이자를 받지 말 것이라(신 23:19)."는 성경말씀을 문자 그대로 해석하여 기독교인들 간에 이자를 받는 행위를 법으로 금지하였다. 다만 이교도인 유대인들에게만 이자 수취가 허용되었다. 셰익스피어의 "베니스의 상인"이라는 작품에서도 유대인 고리대금업자가 사회적으로 증오의 대상으로 등장하기도 한다.

이자금지법으로 자금의 융통이 어려워지자 베니스의 상인들은 편법을 만들어 냈다. 돈을 빌려 줄 때 차용증서에 기재된 금액보다 일정액이 적은 금액을 빌려 주고 계약만기가 되면 차용증서에 기재된 금액을 전액 돌려받았다. 실제로 빌려 준 금액과 계약서상 금액의 차액은 '이자'였지만 공식적인 문서로는 남지 않았다. 상인들은 일종의 '꺾기'를 통해 교황청의 눈을 피해 선 이자를 받는 편법을 사용했던 것이었다.

편법으로나마 '이자'가 가능해지자 공급되는 자금의 규모가 커지기 시작했다. 자본주들은 이자를 수취할 수 있게 되었으니 기꺼이 자금을 빌려 주었고, 상인들은 이 자금을 발판으로 경제 활동을 확대해 나갔다. 그 결과 베니스가 당시 다른 지역의 추종을 불허할 정도의 부를 축적하게 되었다.

베니스

이자는 유럽의 다른 지역에서도 교황에게 반발한 지주들에 의해 점차 허용되기 시작하여, 가톨릭교회가 1830년 이자 금지를 공식적으로 해제하기에 이르렀다. 자본에 대한 개인의 소유권을 인정하면서 이자를 금지하는 데 대한 개념적인 모순과 현실적 필요를 인정한 것이었다.

금융의 순기능

베니스의 사례에서 보듯이 이자는 금융 산업의 핵심요소로서 개인의 발전은 물론 사회적 발전을 이루는 중요한 수단이다. 자본주 입장에서 빌려 준 기간 동안 그 자금을 자신이 사용하지 못하기 때문에 일종의 기회비용이 발생한다. 아무런 보상이 없다면 그는 자금을 빌려 주려 하지 않을 것이다. 기회비용에 대해 이자를 통해 보상을 해 줄 때 경제에는 비로소 돈이 돌게 된다. 경제에 자금을 공급하는 것은 금융이 하는 가장 큰 역할이다.

금융을 통한 자금공급은 사회적 취약계층에게도 도움을 줄 수 있다. 저리로 융자해 주는 서민대출은 자영업을 하는 서민들의 사업을 뒷받침해 준다. 파키스탄과 아프리카 등의 개도국에서는 혼자 힘으로 아무런 경제적 활동을 할 수 없는 여성들에게 '마이크로 금융'이라는 형태로 무담보로 소액의 자금을 대출해 자립할 수 있는 기반을 만들어 주기도 했다.

물론 금융이라는 이름으로 탐욕을 좇는 무리도 있다. 이들은 수익률을 위해서라면 불투명한 거래를 기획하고 불법까지 마다하지 않는다. 수익률에 대한 일부 금융인들의 과도한 욕심은 많은 금융사고가 보여 주듯이 어제 오늘의 일이 아니다. 이 문제를 해결하기 위해 우리는 금융에 대한 제도를 정비하고 금융인들은 윤리의식을 갖추어야 한다.

신앙인으로서 우리에게 중요한 것은 금융상품에 대한 금지가 아니라 이웃을 배려하려는 자세와 정신이다. 즉 탐욕에 따른 과도한 이자로 이웃을 착취하지 말라는 성경의 정신을 그 어느 때보다 진지하게 받아들여야 할 것이다. 동시에 금융을 잘 활용하여 사회와 개인의 발전을 이루는 지혜도 있어야 할 것이다.

2. 베니스를 건설한 보험

베니스 이야기를 계속 해 보자. 베니스의 부(富)는 해상무역을 통해 축적되었다. 베니스는 처음에는 자국에서 생산한 소금을 수출하는 데서 시작하여, 가죽제품, 향신료, 귀금속과 비단 등 광범위한 물품들을 교역했다. 베니스의 상인들은 콘스탄티노플(현재의 이스탄불)과 중동, 아프리카 그리고 인도까지 왕래하며 교역했다. 당시로서는 파격적인 무역 경로였다. 베니스는 동방무역을 독점하다시피 하면서 명실상부한 지중해 무역의 중심지가 되었다.

재미있는 것은 당시 유럽대륙의 상인들이 베니스까지만 와서 물건을 구매하고 더 아래쪽이나 동쪽으로는 가지 않았다는 것이다. 먼오지까지 가는 해상로에는 해적이 득실거렸고 배가 난파할 위험도 컸기 때문이다. 대부분의 유럽지역 상인들은 위험을 피하여 근거리 무역에 주력했다. 반면에 베니스의 상인들은 위험한 중동, 아프리카는 물론 인도와 교역하는 것도 마지않았다.

베니스의 상인들의 활발한 활동 비결은 해상보험에 있었다. 교황청에서 이자를 법적으로 금지했던 당시, 보험 역시 돈놀이로 오해받을 소지가 있었다. 교황청의 눈을 피해가기 위해 베니스의 상인들은 편법을 생각해 냈다. 해상으로 물건을 운송할 때 화주들이 맡긴 화물의 가치보다 더 많은 액수를 계약서에 기재하는 것이었다. 그러나 화물이 무사히 도착하면 계약서에 기재된 금액 전액을 화주들로부터 지급받았다. 즉 화주들은 화물의 실제 가치와 계약서 상 금액의 차액을 상인들에게 추가로 지불한 것이었다. 이 차액은 운송을 맡긴 물품이 무사히 도착한 데 대한 보수로, 지금으로 말하면 해상 운송 사고에 대비한 일종의 보험료였다.

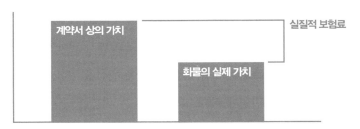

베니스의 상인들에게 있어서 보험이라는 제도는 수많은 해상 사고의 위험 아래에서도 미래의 이윤을 정확히 계산하고 투자할 수 있게 해 주었다. 상인은 해상 사고의 발생에 상관없이 상관 계약서에 제시된 금액을 보전 받았다. 교역을 통해 얼마만큼의 이윤을 볼지 정확한 계획이 가능해진 것이었다.

먼 타지와의 교역은 위험이 컸지만 수익성도 뛰어났다. 예를 들어 인도의 향신료는 유럽에서는 희귀한 것이기 때문에 가격이 높았다. 다른 지역의 상인들이 손실의 가능성이 두려워 교역을 주저하고 있는 사이 베니스의 상인들은 먼 인도까지 진출하는 등 세계를 누비며 부를 축적하였다. 이자와 보험으로 표현되는 금융제도 존재가 오늘날 우리가 보는 아름다운 베니스를 가능케 한 것이었다.

베니스 상인의 입장에서 교역의 위험과 수익을 다음 그림에서 살

펴보자. 가로축은 위험을 나타내고 세로축은 기대 수익을 나타낸
다. 중세시대 베니스에서 교역을 통해서 얻을 수 있는 수익과 그 수
익에 수반되는 위험의 조합을 수익·위험곡선으로 그려 보았다. 수
익성과 위험은 교역 상대의 거리가 멀어질수록 함께 증가하는 것을
볼 수 있다. 높은 위험에도 베니스의 상인들은 먼 지역까지 진출하
여 높은 수익을 올렸던 것이다. 그들에게는 위험을 관리할 수 있는
보험이 있었다.

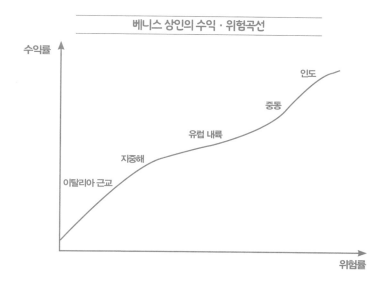

고수익에 필요한 위험 관리

교역이 아닌 다른 경제 활동에도 위험이 수반된다. 특히 기대 수익이 높으면 그만큼 위험도 크기 때문에 위험을 관리할 수 있어야 경제가 발전할 수 있다. 이런 의미에서 보험의 존재는 위험을 관리하여 경제를 발전할 수 있게 해 주는 동력이 되었다.

우리가 처한 환경은 각종 위험으로 가득 차 있다. 사고, 화재, 자연재해 등 재산상의 손실을 수반하는 위험이 있는가 하면 사망, 질병 등 인체에 직접 손해를 끼치는 위험도 있다. 심지어는 사람이 오래 사는 것도 위험에 해당한다. 보험의 기능은 이러한 위험에 따른 재산상의 손실을 관리해 주는 데 있다. 위험의 종류에 따라 보험의 종류도 다양하다. 베니스의 해상보험과 같이 불의의 사고로부터 재산을 보호해 주는 화재보험과 질병, 사망과 같은 사람에 대한 위험을 관리해 주는 생명보험이 있다. 우리도 재산을 관리하고 경제적으로 발전하고자 한다면 다양한 보험을 나의 환경에 맞게 활용함으로써 위험을 관리해야 한다.

3. 주식 투자, 해도 되나요?

저금리가 일상적인 시대가 되었다. 은행 예금이 가져다주는 이자에 만족하지 못하는 투자자가 늘어나면서 자연스럽게 주식 투자에 대한 일반인들의 관심이 높아지고 있다. 주식은 변동성이 큰 위험자산이지만 평균적으로 수익률이 예금 이자율에 비해 높고, 바로 현금화할 수 있다는 장점이 있다. 대안으로 부동산 투자가 있지만, 상대적으로 거금이 필요하고 환금성이 떨어진다. 따라서 시장금리 이상의 수익을 올리려면 자산의 포트폴리오에서 주식을 포함시켜야 하는 것이 현실이다.

그러나 크리스천들에게 있어서 주식 투자는 왠지 찜찜하다. 주식을 사면 세상과 타협하는 것 같기도 하고, 약간 타락하는 기분이 들기도 한다. 과연 신앙인으로서 주식 투자를 해도 되는 것일까? 만약 해도 된다면, 어떻게 하는 것이 좋을까? 본 책에서는 이 문제를 다소 실용적인 관점에서 풀어보고자 한다.

크리스천들이 주식 투자를 찜찜해하는 이유는 다음과 같은 잘못된 선입견에서 비롯된 측면이 크다.

선입견 1: 주식 투자는 투기 아니면 도박이다

카지노에서 돈을 걸고 몇 배의 수익을 노리듯이 주식 투자에서 일확천금을 노리고 전 재산을 날려 버리는 사람들이 있는 것이 사실이다. 그러나 엄밀히 말하면 주식은 기업에 대한 소유권을 증권의 형태로 표기한 것이다. 주식을 사 들이는 행위는 특정 기업에 대한 소유권을 확보하는 것으로, 장기 투자에 해당한다. 현재 우리의 경제체제는 개인의 소유권을 인정하고 있다. 투기성 단기 매매를 하는 것은 문제의 소지가 있지만, 장기적 의도를 가지고 기업에 투자하는 것은 정당하다. 기업의 입장에서도 주식을 발행함으로써 은행 대출보다 더 안정적이고 효과적인 방식으로 자금을 조달할 수 있다.

선입견 2: 주식 투자는 불로소득이다

물론 인간은 일을 해야 한다. 근로 연령기인 사람이 일하지 않고 자본소득에만 기대어 생활하는 것은 신앙적 관점에서 보았을 때 문제가 있다. 하지만 주식 투자를 하여 자본소득을 올린다는 것이 일하지 않는다는 것을 의미하지는 않는다. 엄밀히 말하자면 예금의 이자, 부동산의 임대수익 등 현금을 제외한 모든 자산이 일정한 불로소득을 가져온다. 이 불로소득을 없애기 위해서 모든 자산을 현금으로 가지고 있어야 하는 것은 아니다. 사람이 일을 하는 것과 별개로 자신이 소유한 자산을 생산성이 높은 곳에 투자하는 것은 합당한 일이다.

신앙적으로 올바른 주식 투자란?

현실적으로 우리가 처한 자본주의 시장경제 체제를 인정한다면 주식시장을 부인할 수 없다. 따라서 주식 투자 자체를 부인하기보다는 신앙적 관점에서 더욱 합당하게 운영하는 방법을 찾는 것이 바람직하다. 그렇다면 우리는 어떻게 주식에 투자하는 것이 합당할까?

첫째, 단타 매매를 지양하고 장기적 관점에서 투자해야 한다. 단기적으로 주식을 사고팔면서 고수익을 노리는 행위는 투기에 해당한다. 투기는 경제적으로 잘못된 기대를 바로잡는 순기능도 있는 만큼 모든 투기가 다 죄악이라고 생각하지는 않는다. 다만 투기는 과욕을 부르기 쉽고 많은 사회적 문제를 발생시킨다. 무엇보다 기업의 소유권 확보라는 주식 투자의 본래 취지에 해당하지 않는다. 경험적으로 보았을 때 단기 투자보다는 장기간 투자했을 때 기대할 수 있는 수익률이 높다. 월가의 전설적 투자자인 워런 버핏은 "주식은 매수하는 것이 아니라 기업을 산다는 마음으로 투자하라."고 했다. 따라서 주식 투자는 단기적으로 필요한 자금으로 하는 것보다 어느 정도 묻어 두고 장기간 기다릴 수 있는 자금으로 하는 것이 바람직하다.

둘째, 적절한 기대 수익률을 가져야 한다. 경제학적으로 위험과 수익은 반비례한다. 수익률에 대한 기대를 높게 잡으면 그만큼 손실의 위험도 증가하게 된다. 지나친 욕심은 위험을 부르고, 궁극적으로 손실의 가능성을 높인다. 개인적인 생각으로는 시장금리에 약간의 추가 수익을 기대하는 정도가 적절하다고 생각한다.

크리스천 투자자에게 중요한 것은 절제다. 욕심과 조급함을 피하고 평안한 마음으로 투자해야 한다. 절제된 투자는 실수를 줄이고 위험을 분산시켜 경제적으로도 더 높은 수익을 불러올 것이다. 적절한 주식 투자는 기업에 효과적인 자금을 공급하고, 크리스천들에게도 초저금리 시대에 자산 운용의 대안이 될 수 있을 것이다.

4. 효과적인 금융상품 활용 방법

앞에서는 크리스천이 금융을 이용하는 것이 합당한지에 대해서 이야기하였다. 선입견을 극복하고 성경의 정신으로 금융을 접근한다면 경제를 발전시키는 계기가 될 수도 있다는 사실도 살펴보았다.

그렇다면 개인의 입장에서 효과적으로 금융을 활용할 방법이 있을까? 그 열쇠는 금융의 기능을 이해하고, 본연의 기능에 집중하는 데 있다. 금융의 기능은 크게 다음의 네 가지로 나뉜다.

· 위험 관리
· 투자 수익
· 지불 및 결재 수단
· 신용 공여

위의 기능 중 지불 및 결재 수단과 신용 공여는 다소 기술적인 부분이므로 여기서는 생략하고자 한다. 개인 투자자의 입장에서 중요한 것은 위험 관리와 투자 수익이다. 개인이 금융을 효과적으로 활용하기 위해서는 특히 이 두 가지 기능을 이해하고, 자신의 목표에 맞게 활용할 수 있어야 한다.

위험과 투자수익률로 금융상품을 구분한다

대부분의 금융상품에는 위험 관리와 투자 수익을 위한 기능이 있다. 주의할 것은 위험과 투자 수익률은 반비례한다는 사실이다. 수익률이 높은 금융상품은 위험을 증가시키는 성향이 있다. 반면 위험을 낮추어 주는 상품은 수익률이 낮게 형성되기 마련이다. 아래의 그림에서는 금융상품을 위험과 수익률이라는 두 가지 기능으로 구분해 보았다.

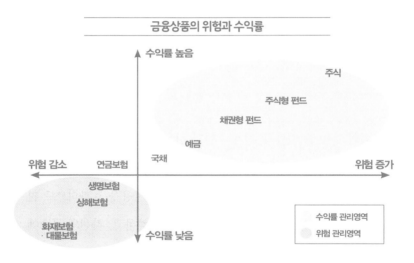

위험을 관리해 주는 기능은 주로 보험 상품에 있다. 특히 화재보험, 자동차보험 등 손해보험 상품은 만약에 발생할 손실에 대비해 주는 대신, 위험 관리에 대한 수수료로 보험료를 지불해야 한다. 원금에 대한 투자수익은 결과적으로 마이너스인 셈이다.

상해보험이나 사망보험 등 일부 생명보험 상품은 납입한 보험료를 만기 시 계약자에게 돌려준다. 전통적 연금보험 역시 노후에 정기적인 연금의 형태로 계약자가 낸 돈을 되돌려준다. 그러나 납입한 보험료의 총액과 환급액을 비교해 보면 생명보험의 수익률은 그리 높지 않다.

반면 펀드, 주식 등 재산형성을 위한 금융상품들은 위험 관리의 기능이 거의 없지만, 투자수익률은 전통적 보험보다 높다. 동시에 원금 손실의 위험의 위험이 매우 높은 것이 특징이다.

위험 관리와 투자수익률을 각각 추구한다

금융을 효과적으로 활용하는 비결은 자신이 추구하는 목표를 분명히 하는 데 있다. 모든 일에서 그러하듯이 목표는 차후 성공을 가늠하는 잣대가 된다. 목표를 제대로 설정하지 못하면 체계적인 재무계획의 수립이나 관리가 불가능해진다.

먼저 각자가 자신의 위험 관리 목표를 설정해 보자. 즉 개인적으로 관리할 필요가 있는 위험을 먼저 정의하는 것이다. 재산의 손실, 인적 손실, 노후 생활비 등 위험요인 중 개인적으로 꼭 관리해야 한다고 생각하는 위험이 있는지 스스로에게 질문한다. 그리고 이 위험들을 관리하기에 적합한 금융상품을 정하고, 이 상품이 수수료(보험료)에 비해 충분한 효용성이 있는지 검토한다.

위험 관리가 충분히 이루어진 이후에는 투자수익률을 충족해 줄 상품을 찾는다. 개인적으로 달성하고자 하는 투자수익률의 목표를 정하고, 이에 맞는 금융상품을 선정한다. 예를 들어 5퍼센트의 수익률을 목표로 한다면 혼합형 펀드에 가입하거나 예금, 펀드 그리고 주식 등에 적절히 분산하여 투자해야 한다.

여기서 주의할 사항은 위험 관리와 수익률을 동시에 추구하기보다 각각 별도의 상품으로 관리하는 것이다. 시중에는 위험 관리와 투자수익률을 모두 충족시키려는 금융상품들이 있다. 예를 들어, 투자수익을 만기 시 돌려주는 보험이나 예금에 상해보험의 기능을 더한 저축상품이 존재한다. 이런 상품들의 단점은 무엇이 위험 관리를 위한 수수료인지 그리고 투자자에게 돌아가는 수익률이 얼마인지 불투명한 경우가 많다는 데 있다. 불투명한 수익률 구조는 개인이 금융상품을 자신의 목표에 맞게 합리적으로 이용하는 데 걸림돌이 된다. 따라서 여러 기능을 동시에 충족시키는 하이브리드 형보다는 특정한 위험의 관리 또는 적절한 투자수익률의 달성 등 기능을 뚜렷이 하는 상품을 선택하는 것이 바람직하다. 그래야만 차후에 자신의 목적에 맞게 금융상품이 활용되었는지 판단할 수 있기 때문이다.

금융상품을 통해 위험을 관리하고 재산을 형성하는 것은 성공적인 경제 활동의 비결이다. 현대를 사는 크리스천 역시 금융이라는 수단을 지혜롭고 명철하게 활용할 필요가 있는 것이다.

5. 실패를 위한 보험이 없는 이유

암보험, 생명보험, 연금보험, 자동차보험, 해상보험, 화재보험 등 오늘날 가입할 수 있는 보험의 종류는 수없이 많다. 살면서 발생하는 웬만한 위험에는 보험으로 대비할 수 있을 정도다. 그러나 예외적으로 보험이 존재하지 않는 경우가 있다. 개인이 경력 관리에 실패해서 나락으로 떨어질 위험에 대비한 보험은 시장에서 눈을 씻고 봐도 없다.

'경력 보험'에 대한 수요가 없는 것은 아니다. 직장 생활에서 실패할 확률은 성공할 확률보다 더 높다. 첫 직장에서 자리 잡지 못하고

도태되는 경우는 부지기수다. 경력 관리에 실패할 경우 개인이 겪게 되는 어려움을 고려할 때, 여기에 대비하고자 하는 수요도 상당할 것으로 추측된다. 그런데 왜 이런 보험은 없는 것일까?

보험회사가 상품을 제공하기 위해서는 미래에 위험이 발생할 확률, 즉 위험률을 산출할 수 있어야 한다. 보험회사는 사망할 확률, 뇌졸중에 걸릴 확률, 화재가 발생할 확률, 가벼운 자동차 사고가 날 확률 등 다양한 위험률을 계산해서 각종 보험 상품을 개발한다. 그러나 한 개인이 직장 생활에 실패할 확률은 산출하지 못한다. 설령 산출할 수 있다고 하더라도 이런 보험 상품을 제공하는 순간 그 위험률은 정확성을 잃게 된다.

그 이유는 확실히 보장된 것에 대해서는 나태해지는 사람의 속성에 있다. 보험을 통해 경력이 보장되었다고 생각하는 순간, 사람은 노력하기를 등한시하게 된다. 자기계발을 소홀히 하고, 더는 열정적으로 일하지 않을 것이며, 동료들과도 힘들게 소통하려고 하지 않을 것이다. 이에 따라 직장에서 실패할 확률은 사후적으로 급속히 상승할 것이고, 지급해야 하는 보험금은 눈덩이처럼 불어날 것이다. 이런 상품을 제공한 보험사는 도산할 수밖에 없다. 즉 수요가 있음에도 경력 실패에 대비한 보험은 자율적인 시장에서 존재할 수 없는 것이다.

신앙생활도 보험과 비슷한 측면이 있다. 천국에 간다는 것을 안 순간부터 경건생활에 나태해지는 경우를 종종 본다. 나 자신부터 그렇다. 하지만 하늘나라의 면류관은 부단히 주를 사랑하려고 노력하는 자에게 주어지는 것이다. 바울 사도는 자신을 스스로 쳐서 복종하게 한다고 하지 않았는가?(고전 9:27)

중요한 것은 우리 중에 아무도 미래에 대해서 확실히 알지 못한다는 사실이다. 하나님이 인간에게 미래를 일일이 보여 주시지 않은 데는 이유가 있다. 우리는 소망 가운데 하루하루를 노력함으로써 살아내야 한다.

크리스천도
재테크를
해야 하나요?

· · · · · · · · · · · · · · · ·

나를 가난하게도 마옵시고 부하게도 마옵시고
오직 필요한 양식으로 나를 먹이시옵소서.
_잠언 30장 8절

1. 돈이 행복하게 할 수 있다

우리는 전통적으로 돈과 행복은 관계가 없다고 생각하는 경향이 있다. 동서양을 막론하고 오래 전부터 돈이 사람을 행복하게 하지 않는다는 믿음이 존재한다. 더 나아가서, 사람들은 돈과 행복이 반비례한다는 가정을 하기도 한다. 언론에 보도되는 재벌가의 가정불화를 보고선 "그래 돈 있는 사람들은 불행한 거야. 세상은 공평해." 하며 위로를 받는다. 정말 돈과 행복은 관계가 없는 것일까? 아니 돈이 사람을 불행하게 하는 것일까?

UN에서는 정기적으로 세계행복보고서(World Happiness Report)를 통해 158개국의 '삶의 만족도'를 조사하고 있다. 이 보고서의 취지가 흥미롭다. 인간의 행복은 소득뿐만 아니라 각 개인이 주관적으로 느끼는 사회적, 심리적 요인에 영향을 받기 때문에 경제 성장 외에 다양한 정책수단을 개발해야 한다는 것이다. 각종 설문과 데이터를 분석한 결과, 행복에 결정적으로 영향을 주는 변수는 일인당 소득, 사회적 지원(어려움에 빠졌을 때 도와줄 사람이 있는가?), 기대수명, 인생에 대해 선택할 자유 등인 것으로 나타났다.

UN은 2015년에 행복지수가 가장 높은 국가로 스위스, 아이슬란드, 덴마크, 노르웨이, 핀란드, 네덜란드 등 북유럽 선진국들을 지목했다. 가장 행복지수가 낮은 국가에는 토고, 부룬디, 시리아, 르완다, 아프가니스탄 등 소득 수준이 매우 낮거나 내전 중에 있는 국가들이 포진했다. 국가별 행복 순위에서는 맨눈으로 보기에도 UN보고서의 취지가 무색할 만큼 행복과 소득이 강한 상관관계가 드러난다. 즉 소득 수준이 높은 국가일수록 국민의 행복지수가 높게, 소득수준이 낮은 국가일수록 행복지수가 낮게 나타난 것이다.

추가로 언급할 만한 것은 행복순위 상위 10위까지 모두 명목 소득이 높을 뿐만 아니라 사회 안전망이 잘 갖추어진 선진국들이 차지했다는 사실이다. 반면 빈부격차가 큰 사우디아라비아의 행복지수는 35위를 기록했다. 높은 소득이 행복의 충분조건은 되지 못한다는 해석이 가능해지는 대목이다. 소득이라는 기반 위에 개인적, 사회적 네트워크가 갖추어질 때 비로소 행복지수가 올라간다.

국가별 행복 순위를 자세히 살펴보면 예외적인 경우도 있다. 코스타리카는 소득 수준이 낮은데도 높은 행복 순위(12위)를 기록했다. 반면 우리나라는 소득 수준(28위)보다 행복지수(47위)가 크게 뒤떨어진다. 아이러니하게도 물질적 가치관이 만연한 대한민국이 돈이 행복을 결정하는 절대 변수가 아니라는 사실을 증명한 셈이다.

심리학에서 행복한 감정과 소득과의 상관관계를 분석한 연구도 있다. 한 심리학 실증분석에서는, 소득이 증가하면 '긍정적 감정'과 '우울하지 않은 상태' 등 행복한 감정이 증가한다는 것을 밝혀냈다. 하지만 연봉 7만 달러 즈음부터는 이 행복한 감정의 증가 속도가 느려지고, 스트레스를 느끼는 상태는 오히려 증가하는 것으로 나타났다. 왜 성경에서 "나를 가난하게도 마옵시고 부하게도 마옵시고 오직 필요한 양식으로 나를 먹이시옵소서(잠 30:8)." 했는지 그 이유를 알 것 같다.

삶에 있어서 우리는 돈의 중요성을 과소평가해서도, 과대평가해서도 안 되겠다. 행복하기 위해서 적절한 소득기반을 확보하려고 노력할 필요가 있다. 하지만 돈이 행복의 전부를 결정한다고 생각해서도 안 될 것이다.

2. 크리스천이 재테크에 실패하는 이유

많은 크리스천이 재테크에 성공하기를 원한다. 좀 세상적으로 표현하자면, 재산을 불려서 궁극적으로 모든 경제적 고민으로부터 자유로워지기를 원한다. 하지만 안타깝게도 내가 아는 대부분의 크리스천은 재테크에 성공하지 못하고 있다. 그 이유는 무엇일까?

내가 오래 전부터 알고 지내는 이충만 씨의 재테크 이야기를 해보자. 독실한 크리스천인 이충만 씨는 최근 결혼해서 가장이 되었다. 어렸을 때부터 그의 신앙적 꿈은 해외 선교를 후원하는 것이다. 그는 3년 전, 취업을 해서 정기적인 소득이 있지만, 저축은 못하고 있다. 아직까지는 상황이 요구하는 대로 '주의 뜻이거니' 하고 지출을 하고 있다. 지난해에는 직장에서 적지 않은 보너스를 받았는데, 그는 모처럼 생긴 목돈을 어떻게 사용할까 몇 달을 망설였다. 마침 시장에서는 중국 주식에 투자하는 펀드 열풍이 불었지만 왠지 내키지 않았다. 그러다가 은행에 두기에는 예금 금리가 너무 낮다는 생각에 결국은 중국펀드에 가입했다. 그러나 반년 후 중국 주식시장이 폭락하면서, 그가 가입한 펀드는 30퍼센트의 손실을 입고 말았다.

크리스천이 재테크에 실패하는 첫 번째 이유는 투자에 대한 이중적 자세에 있다. 많은 크리스천이 한편으로는 재산을 불려 부자가 되고 싶지만, 다른 한편으로는 투자 행위 자체를 찝찝해 한다. '돈을 벌고는 싶은데, 일하지 않고 소득을 얻어도 되는 것일까?' '타인으로부터 이자를 받아도 되는 것일까?' 하며 근심한다. 이런 이중적 사고는 구체적인 재테크 계획을 세우고, 결정한 사항들을 지체 없이 실행하는 데 걸림돌로 작용한다. 위의 사례에서 이충만 씨는 보너스를 받고도 이러지도 저러지도 못하는 사이 투자의 타이밍을 놓쳤다. 우왕좌왕하면 효과적인 투자를 하기 힘들다. 뚜렷한 목표를 세우고 진중하게 정진하는 투자자만이 냉철하게 시장을 분석하고, 목표에 맞는 전략을 세우게 된다.

크리스천이 성공적인 재테크를 위해서는 먼저 이중적인 사고를 극복해야 한다. 그러기 위해서 우리는 이자 배당 등 자본으로 인한 소득이 현대 경제체제의 핵심 요소에 속한다는 사실을 인정할 필요가 있다. 현대 경제 시스템에서는 자본을 생산 활동에 제공하고, 이에 대해 시장에서 정해진 대가를 받는다. 가장 기본적인 자금 제공 행위가 은행 예금인데, 만약 사람들이 예금하지 않는다면 자금을 필요로 하는 기업이나 가계가 대출을 받을 수 없다. 주식 투자는 기업에 자금을 직접 공급함으로써 생산 활동을 돕는 역할을 한다. 기업이 성장하면 그 열매를 기업의 지분을 소유한 투자자가 이익 배분의 형태로 나누어 갖는 것이다.

성경에서도 여러 대목에서 소유권을 인정하고 있다는 점도 주목할 필요가 있다. 물질의 소유권을 인정한다는 것은 각자 소유물의 사용처에 대한 소득, 즉 자본 소득을 인정하는 것이다. 크리스천으로서 우리가 경계해야 할 것은 자본에 대한 소득 자체가 아니라 자본을 잘못 이용하는 행태다. 예를 들어 자본을 통해 이웃을 착취하려는 행위는 죄악이다. 또한 능력 있는 젊은 사람이 일은 안 하고 전적으로 이자 수익으로만 생활한다면 문제가 있다. 하지만 정직한 마음가짐으로 성실하게 투자하는 것은 합당한 일이다. 따라서 투자에 있어서도 찜찜하게 생각하고 우왕좌왕할 것이 아니라 진중하게 합당한 투자방법을 모색해야 할 것이다.

크리스천이 재테크에 실패하는 두 번째 이유는 목표를 제대로 설정하지 못하는 데 있다. 모든 일에 성공하기 위해서는 분명한 목표가 있어야 한다. 우리는 어떤 일의 목표를 달성했을 때 성공했다고 말한다. 바꾸어 말하자면 목표가 없거나 불분명하면 추후 성공 여부를 판단조차 할 수 없다. 또한 목표를 이루기 위한 구체적인 전략이나 실행 계획을 세울 수도 없다. 따라서 진정으로 재테크에서 성공하기를 원한다면 측정 가능하고 명확한 목표를 설정하는 것이 중요하다.

문제는 자신의 재테크 목표를 알고 있는 크리스천이 많지 않다는 데 있다. 이충만 씨의 경우 앞에서 언급한 바와 같이 선교를 후원하고 경제적으로 안정된 가정을 이루겠다는 바람이 있었다. 하지만 그의 바람을 목표라고 하기에는 구체성이 결여되어 있다. 과연 어떤 방법으로 얼마만큼의 선교를 후원하고자 하는가? 어느 정도 재산을 축적해야 그가 경제적으로 안정되었다고 말할 수 있을까? 이충만 씨는 이 질문들에 답변할 수 없다. 왜냐하면 그의 재테크에는 성공했는지 여부를 판단해 줄 구체적인 목표가 없기 때문이다. 성공에 대한 판단 기준조차 불분명하다면, 재테크에서 성공할 확률은 낮을 수밖에 없다.

3 비전이 재산을 만든다

어느 교회 저녁예배에 강사로 초청되었다. 주제는 "그리스도인의 경제생활"이었다. 예배 시작 전 담임목사님과 차를 마시며 환담을 하고 있는데 한 성도가 찾아와 힘차게 인사를 했다.

"그러잖아도 요즘 돈 때문에 걱정이 많은데 오늘 돈 버는 법을 확실하게 배워서 가겠습니다."

그날 원래는 그리스도인이 돈을 어떻게 써야 하는가를 주제로 강의할 예정이었는데, 교인들은 정작 돈 버는 방법이 더 궁금했던 모양이다. 내심 난감했지만 원래 준비한 바대로 말씀을 나누었다.

우리나라에 사는 대부분의 사람들은 부자를 꿈꾼다. 국내에 들어와 지내다 보면 물질주의적 가치관이 사회 곳곳에 만연하다는 것을 자주 느낀다. 젊은이들은 돈이 있어야 사교육을 받을 수 있고 소위 말하는 스펙도 충분히 쌓을 수 있어서 향후 취업에 유리하다고 한다. 크리스천 사회도 예외는 아닌 것 같다. 교회 내에서도 재력 있는 교인이 쉽게 인정받는 분위기다.

그러나 크리스천들에게 왜 부자가 되고 싶으냐고 물어보면 대다수는 잘 답변하지 못한다. 사회 시류에 이끌려 막연히 부자가 되고 싶은 사람은 많지만, 구체적으로 왜 부자가 되고 싶은지 그 이유에 대해서는 생각하지 않은 것 같다. 동시에 크리스천들은 부자가 된다는 생각이 신앙인에게 어울리지 않는 것으로 생각하는 경향이 있다. 그래서 한편으로는 부자를 인정하면서 다른 한편으로는 부자의 존재를 거부하는 이중성이 교회 내에 종종 발생한다.

어쨌든 크리스천을 포함한 대부분의 사람들은 막연하게 부자를 꿈꾼다. 이 막연함은 부자를 일종의 '꿈'으로 만든다. 꿈의 정의는 '이루어지기 어려운 소원'으로 그 자체로서 실현 가능성이 낮다. 많은 사람들이 막연하게 '오늘보다 내일이 나아지겠지.' '언젠가는 부자가 되겠지.'라고 꿈꾸지만, 현실은 그렇지 못하다. 꿈은 확고한 인생의 목표로 서술되고 구체적인 계획이 수립될 때 비전으로 발전하고, 현실화할 가능성이 커진다. 꿈이 막연하고 모호한 것이라면 비전은 꿈을 구체화하고 어떻게 실현할 것인지 보여 주는 전략과 같은 것이다. 꿈과 비전이 어떻게 다른지 다음의 예를 통해 살펴보자.

A라는 청년은 "부자가 되어 선교사업을 지원하겠다."는 꿈을 가지고 있다. 그는 신앙이 좋은 청년이긴 하지만 구체적인 목표와 달성 계획이 없다. 하지만 B라는 청년은 중부 아프리카에 선교단체를 설립하기 위해서는 10억여 원의 자금이 필요한데, 이 자금을 마련하기 위해 10년간 그가 버는 돈의 30퍼센트를 혼합형 펀드에 가입하고 매일 10분간 기도하겠다고 결심한다. A와 B의 차이는 무엇일까? A의 생각은 좋은 것이지만 막연한 꿈이다. 반면 B는 구체적인 목표를 세우고 이를 어떻게 달성할지에 대한 계획까지 세웠다. 즉 비전을 가지고 있는 것인데, A의 막연한 꿈보다 B의 구체적인 비전이 현실화될 가능성이 더 크다.

주 안에서 먼 미래에 대한 꿈을 꾸기는 비교적 쉽지만, 이 꿈을 실현할 구체적인 계획을 수립하기는 말처럼 쉽지 않다. 그래서 비전은 아무나 가질 수 없는 것이다. 내 재정적 상황에 대해 진정으로 원하는 게 있다면 주 안에서 꿈과 함께 비전을 가져 보자. 그리고 이 비전을 위해서 기도해 보자. 이 기도가 응답될 때 우리는 진정한 의미에서 믿음 있는 부자가 되어 있을 것이다.

4. 크리스천의 수익률 목표

재테크에 성공하기를 원한다면 목표를 잘 설정해야 한다. 목표는 최대한 분명하면서도 구체적으로 설정하는 것이 좋다. 그래야만 분명한 전략을 수립하고 행동에 나설 수 있기 때문이다.

재테크의 목표에는 질적 목표와 양적 목표 두 가지 종류가 있다. 질적 목표는 크리스천으로서 내가 왜 재테크를 하는지 그 목적을 아는 것이다. 재테크를 통해 모은 자금으로 해야 할 일이 있는지, 미래에 닥칠 위험에 대해 능동적으로 대처하기 위해서인지 아니면 내 신앙에 새로운 도전이 필요한지 등 재테크의 이유에 대해서 내용적으로 분명히 이해하는 것을 의미한다. 이런 의미에서 앞장에서 말한 비전이 재테크의 질적 목표에 해당한다. 오늘날 의외로 많은 크리스천들이 재테크의 질적 목표를 모르고 있다. 궁극적으로 왜 재테크를 하려고 하는지 자신도 모르는 것이다. 질적 목표를 정립하기 위해서는 스스로에게 다음과 같은 질문에 답을 해 보자.

· 내가 재테크를 하는 이유는 _____를(을) 위해서이다.
· 재테크를 통해 얻은 수익으로 나는 _____를(을) 할 것이다.

위와 같은 질문에 대한 답변은 재테크의 질적 목표를 명확하게 정립하는 데 도움을 줄 것이다. 이 목표는 모든 사람에게 동일하게 획일적으로 정할 수 있는 성격이 아니어서 각자 개개인의 경건생활을 통해 확립해 나가야 한다.

양적 목표는 논리적 모순 없이

재테크의 두 번째 목표로 양적 목표가 있는데, 이것은 재테크를 통해 달성하고자 하는 바를 수치로 표현한 것이다. 즉 재테크의 과정에서 목표로 하는 구체적인 수익률을 설정하는 것을 말한다. 어떤 목표 수익률을 설정하느냐 하는 것은 재테크에 있어서 매우 중요하다. 왜냐하면 여기에 맞게 자산과 투자전략이 결정되기 때문이다. 예를 들어 연간 목표 수익률이 5퍼센트라고 한다면, 여기에 맞게 예금, 주식, 부동산 등의 투자 포트폴리오를 기간에 맞추어 설정하게 된다.

목표 수익률은 간단하면서도 논리적으로 모순이 없도록 명확하게 설정해야 한다. 많은 사람들은 목표로 하는 수익률이 아예 없다. 또 있다고 하더라도 자신이 세운 목표 수익률을 스스로도 이해하지 못하곤 한다. 흔히 '가능한 최대한의 수익률'이 자신의 재테크 목표라고 이야기하는 경우가 있다. 이와 같이 열린 목표는 매우 위험한 투자를 야기하게 된다. '최대한의 수익률'이라는 목표를 달성하기 위해서는 위험도가 높은 자산에 투자해야 하기 때문에 손실을 볼 가능성 역시 커지기 때문이다.

다른 이들은 '원금이 손실을 보지 않는 한도 내에서 최대한의 수익률'이라는 다소 진일보한 목표를 설정한다. 하지만 '원금이 손실을 보지 않는' 투자는 국채 또는 좀 더 넓게 보아도 은행 예금 정도 밖에 없다. 자금을 예금에 묶어 두어서는 은행 이자 이상의 수익률을 올리기 어렵다. 이 경우 과연 나의 목표 수익률이 예금 이자율이었는지 반문해 보아야 한다.

앞의 경우와 같이 자신이 원하는 것이 무엇인지 스스로 알지 못하도록 목표 수익률을 설정한다면 투자에 성공하기 힘들다. 목표 수익률을 내 상황과 미래 계획에 맞게 구체적이고 명확하게 설정해야 여기에 맞게 자산을 분석하고 배정할 수 있게 된다.

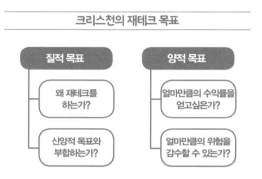

크리스천의 재테크 목표

질적 목표	양적 목표
왜 재테크를 하는가?	얼마만큼의 수익률을 얻고싶은가?
신앙적 목표와 부합하는가?	얼마만큼의 위험을 감수할 수 있는가?

나만의 위험×수익률 믹스를 설정하자

우리는 미래에 기대되는 위험과 수익의 조합 중 자신에게 맞는 투자자산을 선택해야 한다. 스스로 높은 위험도를 감내하더라도 높은 수익률을 올리고 싶은 사람은 주식, 주가연계증권, 펀드 등의 자산에 대한 투자 비중을 높일 수 있다. 반대로 다소 수익률을 낮추더라도 위험을 줄이고 싶은 사람은 국채와 예금 위주로 투자를 하게 된다. 부동산의 투자 위험은 예금과 주식의 중간 정도지만, 환금성이 현저히 떨어진다는 단점이 있다.

성경적인 관점에서 어떤 특정한 위험도와 목표 수익률의 조합이

위험과 수익률은 상반된 관계

양적 목표, 즉 수익률 목표를 결정하기 위해서는 시장에 존재하는 각 투자자산의 기대 수익률과 위험도에서 차이가 나는 것을 이해해야 한다. 예를 들어 은행 예금의 기대 수익률은 이자율이며, 위험률은 은행이 파산해서 예금을 돌려받지 못할 확률이다. 주식의 기대 수익은 주가 상승과 배당에 따른 이익이며 위험은 투자한 회사가 파산해서 주식이 휴지조각이 될 확률이다.

경제학적으로 볼 때 위험과 수익은 반비례한다. 중세시대 베니스 상인의 수익·위험곡선을 상상해 보자(3. 2장 참조). 중세시대 베니스의 상인은 지중해 연안의 가까운 지역과 무역을 할 경우, 물품은 안전하게 운반할 수 있었지만 큰 수익은 올리지 못했다. 반면 더 먼 지역에 가서 무역을 할 때 희소성이 높은 재화를 구입할 수 있었기 때문에 높은 수익률을 올릴 수 있었다. 다만 원거리 무역은 해상 사고와 해적의 위험도 그만큼 높았다. 즉 높은 수익을 위해서는 더 높은 위험을 감수할 것이냐에 있었다.

투자자산도 위험과 수익이 비례하는 구조를 가지고 있다. 위험이 높은 자산일수록 평균적으로 기대할 수 있는 수익률이 높다. 예를 들어 주식은 가격 변동성이 높아 손실을 볼 가능성이 높은 반면 평균적으로는 기대할 수 있는 수익률이 높다. 부동산은 주식만큼 가격 변동성이 크지 않아 덜 위험하지만 그만큼 평균적으로 기대할 수 있는 수익도 크지 않고 환금성도 낮다. 예금과 채권은 상대적으로 안정적이다. 돈을 맡긴 금융기관이나 국가 기업 등 상대가 망하지 않으면 약정된 이자를 받아 안정성이 높지만 기대할 수 있는 수익은 이자뿐이다. 각 투자자산이 가지고 있는 기대 수익과 위험의 조합을 그림으로 표시하면 아래 그림과 같다. 기대하는 수익이 높은 자산은 그만큼 위험도 증가하는 것을 볼 수 있다.

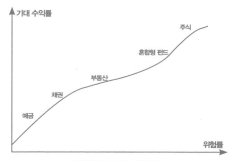

투자자산의 수익·위험곡선

수익이 높은 동시에 위험이 낮은 투자자산은 존재하지 않는다. 만약 그런 투자자산이 있다면 모든 사람이 여기에 투자할 것이고, 다른 투자자산은 사라질 것이다. 그러나 세상의 모든 일이 그러듯이 모든 투자자산에는 장점과 단점이 있다. 투자자에게 중요한 것은 자신이 기대하는 수익률과 감내할 수 있는 위험도를 구분하여 아는 것이다.

바람직하다고 말할 수는 없다. 왜냐하면 신앙은 각 개인과 하나님과의 관계이며 그 가운데 개별적으로 옳다고 판단되는 위험과 수익률의 조합이 있을 것이기 때문이다. 이 부분은 개인적이고 비밀스런 영역이다. 다만 일반적으로 보았을 때 청지기적으로 자산을 관리한다는 것은 지나친 위험을 피하는 것이라고 할 수 있다. 주인의 전 재산을 한 종목의 주식에 투자하고 일확천금을 노리는 것은 올바른 관리자의 자세가 아니기 때문이다. 내가 가진 목표가 내 욕심에서 나온 것인지 주의 자산을 관리하는 청지기적인 관점에서 온 것인지 스스로 반문해 보아야 할 것이다. 신앙 안에서 고민하고 묵상하면서 청지기의 마음으로 절제된 투자를 한다면 신앙생활에도 이익이 있을뿐더러 재테크가 성공할 확률도 높아질 것이다.

5. 재테크의 단계별 관리

재테크라는 단어는 재무와 테크놀로지의 합성어로 재무관리에 대한 고도의 기술을 의미한다. 개인의 입장에서 재테크는 자산을 관리하고 축적하는 실질적인 방법이라고 할 수 있다. 시중에는 수백

권에 달하는 재테크 관련 서적이 출간되어 있다. 재테크의 과정에는 여러 가지 접근이 가능하겠지만, 대개는 그 과정을 다음의 다섯 단계로 간단히 나눌 수 있다.

1. 목표 설정
2. 원칙 수립
3. 시장 분석
4. 재테크 계획 수립
5. 재테크 옵션 선택

다섯 개의 재테크 단계들은 상호 작용을 하면서 흐름으로 이어지는 하나의 과정이다. 즉 전 단계가 명확히 정의되어 있어야 다음 단계를 성공적으로 수행할 수 있으며, 그 결과로 마지막 단계에서 합리적인 재테크 옵션을 선택할 수 있다. 그러나 대부분의 사람들은 곧바로 마지막 단계로 이동한다. 즉 목표와 원칙 그리고 전략을 모두 생략한 채 약간의 시장 분석 후 곧바로 상품을 선택하는 것이다. 이래서는 체계적인 재테크를 할 수 없다. 재테크에 성공하기 위해서는 각 단계를 다음과 같이 명확히 정의해야 한다.

첫째, 목표가 분명해야 한다. 다시 한 번 강조하지만 내가 왜 재테크를 하는지, 무엇을 달성하고자 하는지 분명하고도 구체적인 목표가 있어야 한다. 그래야만 구체적으로 재테크 목표를 달성하기 위한 최적의 방법들을 찾을 수 있고 이 방법들을 실행할 동기를 스스로에게 부여할 수 있기 때문이다.

둘째, 목표에 맞게 재테크 원칙을 수립해야 한다. 재테크 원칙은 시장에 존재하는 수많은 재테크 가능성 중에 가장 나의 목표에 부합한 조합을 선택하는 기준을 제시해 주는 역할을 한다. 예를 들어 '특정 자산에 대한 투자 비중이 전 재산의 30퍼센트를 넘지 않는다.'는 원칙을 정했다고 가정해 보자. 이 재테크 원칙은 저금리 상황이 지속하고 부동산 가격이 크게 상승하는 상황에서도 투자의 기본적인 방향을 제시해 줄 것이다. 원칙이 없으면 우왕좌왕하며 상황에 휩쓸려 투자하게 된다. 성공한 투자자들은 투자 원칙을 명확히 정의하고, 이를 엄격하게 준수했다.

셋째, 시장의 흐름을 명확히 분석해야 한다. 주님은 '구름을 보고 날씨를 알라(마 16:2-3)'고 말씀했다. 경제학적 분석은 객관적인 시장 상황을 보여 줄 수 있다. 크리스천이라면 여기에 더해 믿음의 판단을 통해 경제의 흐름을 가늠하는 지혜가 더해져야 한다. 2008년 세계금융위기의 예를 들어보자. 리먼 브라더스의 파산으로 발생한 금융위기는 부동산 버블과 탐욕스러운 투자가의 합작품이었다. 은행은 부실한 부동산 담보대출을 부추기고 투자 은행들은 수익률을 극대화하기 위해 부동산 담보채권을 묶어 시장에서 유통시키며 부동산 시장의 버블을 키웠다. 언젠가는 거품이 붕괴되는 것이 순리였다. 투자자가 차분하게 무엇이 옳은지 판단했더라면 손실을 피할 수 있었을 것이다.

넷째, 목표와 시장분석이 이루어졌다면 여기에 맞는 재테크 계획을 수립해야 한다. 구체적으로 어느 시기에 목표를 달성할 할 것인지 그리고 이를 위해 수입, 지출, 저축의 비중을 어떻게 할 것인지 구체적으로 정한다.

다섯째, 목표와 계획에 맞는 재테크 상품을 선택한다. 여기서 중요하게 고려할 사항은 두 번째 단계에서 설명한 재테크의 원칙이다. 현실에서는 수없이 많은 재테크의 가능성이 존재하는데 금융 환경의 변화에 따라 시시각각 그 구체적인 특성들이 변화한다. 수많은 재테크 환경과 옵션의 변화에 일일이 대응하기는 사실상 불가능하다. 미리 세워 둔 재테크의 원칙에 따라 행동하면 항상 일정한 투자 패턴을 유지할 수 있다.

위의 다섯 단계를 세심하게 관리할 뿐만 아니라 주기적으로 반복하는 것이 중요하다. 각 과정별로 명확한 계획 수립과 실행에 재테크의 성공이 달려 있다.

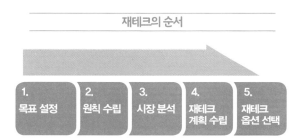

재테크의 순서

| 1. 목표 설정 | 2. 원칙 수립 | 3. 시장 분석 | 4. 재테크 계획 수립 | 5. 재테크 옵션 선택 |

크리스천의 주식 투자 성공 비결

결국에는 성경의 원칙에 따르는
투자자가 성공한다.

1. 워린 버핏이 크리스천이라면

워린 버핏은 전 세계적으로 가장 존경받는 투자자다. 그는 어린 시절 아르바이트로 번 돈을 조금씩 투자하기 시작해 1965년 투자회사인 버크셔해서웨이를 인수했다. 이 회사의 시장가치는 매년 20퍼센트씩 증가했으며, 그 결과 버핏은 우리 돈으로 70조 원이 넘는 재산을 모은 것으로 추정된다. 활발한 기부활동과 겸허한 생활방식으로도 유명한 버핏은 포브스(Forbes)지에 의해 세계에서 가장 영향력 있는 부자로 선정되기도 했다.

버핏의 종교가 기독교인지는 명확하지 않다. 유명인인 그의 종교가 언론에 거의 보도되지 않은 점으로 미루어 볼 때, 적어도 그가 적극적인 신앙의 소유자가 아닌 것은 분명해 보인다. 그런 버핏이 어떻게 그 많은 부를 축적했는지 궁금해진다. 워린 버핏의 투자 패턴은 그동안 수많은 사람들에게 벤치마킹 되어 왔는데, 사실 그는 다음과 같은 매우 단순한 원칙에 따라 투자했다.

첫째, 투자 대상의 미래 가치에 투자한다. 버핏은 가치 투자의 창시자로서 경쟁력 있으면서 저평가된 기업을 발굴하여 투자했다. 그는 거품이 의심되는 인터넷 기업에는 거의 투자하지 않는 반면, 현실적으로 현금 흐름을 창출할 수 있는 기업에 집중했다.

둘째, 인내심을 가지고 장기적으로 투자한다. 버핏은 "주식을 매수하는 것이 아니라 기업을 통째로 산다는 마음으로 투자하라."고 했다. 기업을 매수하고 난 후 그 기업의 주가에 대해서는 잊으라는 것이다.

셋째, 주식시장의 일시적인 등락에 일희일비하지 않는다. 버핏은 주식시장이 수많은 심리적 변수에 의해 움직이고 있다는 사실을 인정하고, 아예 시장 등락의 타이밍을 예측하려 하지 않았다. 그러나 가치 있는 기업을 발견하면 시장의 흐름과는 반대라고 할지라도 과감하게 투자했다.

버핏의 투자 원칙을 '성경의 가르침'이라는 관점에서 보면 어떨까? 성경은 일하지 않고 불로소득을 노리는 투기 행위를 경계한다 (살후 3:7-10). 반면 생산수단의 개인적 소유를 통한 장기적인 투자는 인정한다. 아브라함, 야곱 등 믿음의 선진들은 장기적인 안목으로 가업에 투자하여 부를 이루었다. 따라서 투자를 빌미로 단기적으로 투기하는 것은 성경적으로 바람직하지 않지만, 기업을 장기적으로 소유함으로써 경제 활동에 기여하는 것은 합당하다. 또한 신념을 지니고 투자했으면 외부의 목소리에 흔들리지 말고 심지 굳은 태도로 기업의 생산 활동을 뒷받침해야 한다.

놀랍게도 워런 버핏의 투자 원칙은—그의 의도와는 관계없이—성경적 기준과 부합하는 것을 어렵지 않게 알 수 있다. 성경의 원칙은 이미 워런 버핏 이전부터 존재했다. 예나 지금이나 사람들은 그 단순한 원칙을 지키기 힘들어 할 뿐이다. 세상의 부를 창조하신 분도, 주관하시는 분도 하나님이시다. 우리는 진정한 부를 이루는 길이 주의 가르침을 따르는 데 있다는 사실을 기억해야 할 것이다.

다음 장에서는 워런 버핏을 비롯한 천재 투자자들의 투자 원칙을 좀 더 자세히 살펴보기로 하자. 성공한 투자자들의 원칙이 성경의 가르침과 어떤 관계가 있는지 비교함으로써 크리스천의 투자 원칙을 도출할 수 있을 것이다.

2. 크리스천 투자자의 수익률이 높은 이유

어느 중견 자산 운용사 대표와 비교적 잘 아는 사이였다. 그는 내게 "자기가 국내 투신사 대표 중에서 두 번째로 나이가 많아 사퇴 압박에 시달린다."고 고민을 말했다. 당시 그는 50세 초반의 젊은 나이었다. 하기야 국내 증권업계의 퇴직이 워낙 빠르니 그 나이에 투신사 대표까지 올랐으면 장수한 셈이었다. 내가 아는 바로는 증권, 투신 등 투자업종 종사자들은 많은 스트레스에 시달린다. 이들은 쉴 새 없이 쏟아지는 세계의 주요 뉴스들을 놓치지 않으려고, 하루 24시간 긴장의 끈을 놓지 않고 투자 종목들을 비교하며 최고의 수익률을 올릴 수 있는 종목을 찾아 사고팔고를 반복한다. 이들 중 실적이 좋은 소수는 높은 연봉을 받지만, 상당수는 매일 수익률의 등락에 조급해하고 심리적 불안감에 황폐해진다. 많은 투자업계 종사자들이 실적에 대한 압박으로 타 업종에 비해 젊은 나이에 퇴사하는데 이들 중 상당수는 스트레스를 이기지 못하고 자진해서 회사를 그만 둔다. 이 때문에 현업에서 활동하는 직원들은 아직 건강하고 외부의 압박을 견딜 수 있는 젊은 나이가 대부분이다.

크리스천 투자자의 다른 점

이렇게 치열한 시장 환경에서 크리스천으로서 투자한다면 어떤 면에서 다를까?

첫째, 편한 마음을 가질 것이다. 어차피 내가 궁극적으로 소유한 돈이 아니고 내가 사는 동안 일시적으로 맡은 자금이 아닌가? 일단 조급함에서 벗어나 최선을 다하되 투자의 결과를 주께 맡기는 투자 행태를 가질 것이다. 요동치는 시장에서 항상 돈을 벌 수는 없지만, 장기적으로 손실을 만회할 기회도 주실 것이다.

둘째, 세상의 온갖 뉴스에 휘말리지 않고 그중 정말 중요한 내용만 분석할 것이다. 너무 많은 정보는 혼란을 가져오게 마련이다. 특정 사안에 대해 대치되는 정보들은 서로를 중성화시키기도 하는데, 세상에 존재하는 모든 정보의 현실성과 파급력을 판단하고자 하면 지치고 피곤하게 된다. 구름을 보고 날씨를 알라는 주님의 말씀을 생각하며 시장의 방향에 대해 고민하되 희소가치가 떨어지는 온갖 소식에 일희일비하지 않을 것이다.

셋째, 기업의 내재 가치를 보고 장기간에 걸쳐 투자할 것이다. 내재 가치란 기업이 중장기적으로 수익을 창출 수 있는 능력을 의미하는데 가치가 있는 기업과 증권을 높게 평가하는 것이 정직한 일이다. 시장의 단기 수익률을 좇아 단타로 사고팔고를 반복할 필요가 없다.

과연 이렇게 해서 돈을 벌 수 있느냐고 반문할 것이다. 하지만 자세히 살펴보면 크리스천의 투자 행태는 높은 수익률을 올리는 고수들의 투자방법에 가깝다. 월가의 전설적 투자자 워린 버핏은 "주식을 매수한다고 생각하지 말고 기업을 산다고 생각하고 투자하라."
고 했다. 주식시장에서 고수익을 올리는 사람들은 대개 한번 사면
잊고 묻어 두는 장기 투자자들이다.

사실 조급해서는 부자가 될 수 없다는 사실을 누구나 잘 알고 있
다. 그럼에도 시장의 투자자들은 이 부분을 실행에 옮기지 못한다.
증권가의 조급함과 불안함은 돈을 맡긴 고객에게서 비롯된 것이다.
고객이 매일 초조해하니 회사도 직원들을 압박하는 것이고 운영자
역시 마음이 조급하게 된다. 머리로는 평정심을 유지하고자 하나 요
동치는 현실 앞에서 마음을 비우지 못한다. 어찌 보면 투자는 우리
일상의 신앙생활과 비슷한 면이 있다.

청지기 정신으로 투자

투자에 대해서 성경이 말하는 기본 명제는 청지기의 비유에 나와
있다. 크리스천은 투자나 재테크 시에 자신의 역할이 자금의 '소유
자'가 아니라 '관리자'라는 사실을 명확히 이해해야 한다. 우리에게
법적으로 소유권이 있다고 해서 궁극적으로 소유하는 것은 아니다.
즉 모든 재물의 최종 소유자는 하나님이시기 때문에 우리는 관리자
의 입장에서 재물에 대한 고민을 해야 한다.

청지기의 첫 번째 정신은 주인의 입장에서 재물을 관리하는 것이다. 주인이 맡긴 자금을 위험한 자산에 투자하여서 모두 날리게 되면 곤란하기 때문에 너무 위험한 투자는 피하려는 노력이 필요하다. 그렇다고 안전 위주로 현금에만 투자해서는 전혀 수익률을 낼 수 없다. 예수님의 비유에 보면 받은 달란트를 땅에 감추어 두었다가 그대로 돌려드렸던 종이 등장한다. 그는 주인에게 말했다.

> 당신은 굳은 사람이라 심지 않은 데서 거두고 헤치지 않은 데서 모으는 줄을 내가 알았으므로 두려워하여 나가서 당신의 달란트를 땅에 감추어 두었었나이다 보소서 당신의 것을 가지셨나이다(마 25:24-25).

하지만 주인은 이 종을 책망한다.

> 악하고 게으른 종아 나는 심지 않은 데서 거두고 헤치지 않은 데서 모으는 줄로 네가 알았느냐 그러면 네가 마땅히 내 돈을 취리하는 자들에게나 맡겼다가 내가 돌아와서 내 원금과 이자를 받게 하였을 것이니라(마 25:26-27).

청지기는 손실의 위험을 줄인다는 명제 하에 적절한 수익을 관리해야 한다. 적절한 수익이 무엇인지는 개개인의 신앙적 상황에 따라 다르게 나타날 수 있을 것이다.

두 번째 청지기 정신은 한번 내린 결정에 대해 결과를 주께 맡기는 것이다. 최종 수익은 우리에게 있는 것이 아니라 하나님께 있는 것이다. 주변을 보면 단기적 수익률에 너무 조급해하며 금융시장의 분위기에 기분이 좌우되는 사람들이 있다. 어떤 이들은 자산가치의 등락에 너무 고민이 된 나머지 밤에 식은땀을 흘리며 잠 못 이루기도 한다. 이래서는 재테크가 신앙에 도움을 줄 수도 없고 행복의 매개체가 되지도 못한다. 최선을 다해 묵상하고 나름대로 지혜를 모아 청지기의 마음으로 투자했다면 결과를 주께 맡길 수 있어야 한다.

크리스천은 주어진 자산을 탐욕적으로 불리려고 해서는 안 된다. 청지기적인 자세로 건강, 재물 등 하나님께서 주신 자원들을 잘 관리하려 한다면 경제적으로도 좋은 결과를 가져오게 된다. 투자에서 청지기의 정신을 한마디로 요약하면 '맡아서 관리하고 결과를 맡기는 것'이라고 할 수 있다.

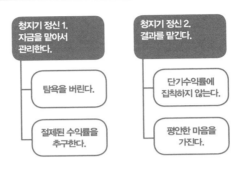

크리스천 투자자의 기본 명제

청지기 정신 1.
자금을 맡아서
관리한다.

청지기 정신 2.
결과를 맡긴다.

탐욕을 버린다.

단기수익률에
집착하지 않는다.

절제된 수익률을
추구한다.

평안한 마음을
가진다.

3. 천재 투자자의 성공 비결

주식시장에서 천재라고 불리는 투자자들은 어떻게 성공했을까? 크리스천 투자자의 입장에서도 세상에 잘 알려진 투자의 고수들은 어떻게 성공했는지 그 비결이 궁금해진다. 그들의 방법이 신앙적 양심에 위배되지 않는다면 따라 할 수도 있겠고, 더 나아가 성경적 원칙들을 접목시켜 발전시켜 나갈 수도 있기 때문이다.

먼저 '천재 투자자'들이 누구인지 정의할 필요가 있다. 단기간에 높은 성과를 올린 사람은 수없이 많다. 주식시장에서 운이 좋으면 한두 번은 크게 성공할 수도 있다. 그렇다고 해서 이들 모두가 천재 투자자는 아니다. 반면 장기간에 걸쳐 지속적으로 성공한 투자자가 있다면, 이것은 운으로 가능한 일이 아니다. 무언가 자신만의 성공 비결이 있기 때문에 꾸준히 성공을 거두는 것이다. 따라서 이 책에서는 10년 이상의 장기간에 걸쳐 지속적으로 시장의 평균 수익률을 뛰어넘는 성과를 올린 사람들을 '천재 투자자'라고 정의하고, 미국에서 가장 유명한 투자자 10인을 선별해 보았다. 여기에는 워런 버핏, 벤저민 그레이엄 등 10명이 해당한다.* 그리고 역사상 최고의 투자자라고 불리는 이들 10인의 투자 행태를 비교해 보았다. 그 결과 성공한 투자자 10인의 가장 큰 공통점은 크게 다음과 같이 요약할 수 있었다.

주식시장을 예측하려 하지 않는다.

시류에 따르지 않고 자신만의 원칙에 따라 투자한다.

비결 1: 주식시장을 예측하려 하지 마라

아마 많은 독자들은 이 문구를 읽고 의아해 할 것이다. 대다수의 투자자들은 주식시장의 방향을 예측하고자 애쓴다. 스스로 분석을

---

* 존 리즈, 잭 포핸드 저, 김승진 역, 『천재투자자들』 2010, 길벗 참조.
워런 버핏, 벤저민 그레이엄, 존 네프, 데이비드 드레인, 피터 린치, 케네스 피셔, 마틴 즈웨이그, 제임스 오쇼너시, 조엘 그린블라트, 조셉 피오트로스키.

하기도 하고, 전문가의 도움을 찾기도 한다. 하긴 주가의 향방을 알기만 하면 떼돈을 벌어 금방 부자가 될 터이니, 많은 사람들이 관심을 갖는 것은 당연하다.

문제는 누구도 미래를 예측할 수 없다는 사실에 있다. 주식시장은 경제 변수뿐만 아니라 정치, 사회적 움직임과 인간의 심리까지 영향을 받으며 매우 복잡하게 움직인다. 우리는 이 모든 변수의 종류와 그 연결고리들을 다 알지 못한다. 그런데도 사람들은 존재하지도 않는 패턴과 질서를 찾으려 노력한다. 인간에게는 미래를 예측할 수 있다고 믿고 싶어 하는 성향이 있다.

그러나 잘못된 예측에 근거하여 투자한다면 필연적으로 실패할수밖에 없다. 기관투자자들을 포함한 많은 투자자들이 실패하는 이유는 잘못된 미래 예측에 기반하여 투자하기 때문이다. 전문가라고 하는 증권사 애널리스트들의 주식시장 예측은 맞는 때보다 틀리는 때가 더 많다. 2015년의 경우 우리나라 주요 증권사 10곳 가운데 9곳의 종합주가지수 전망이 빗나갔다. 연초 각 증권사는 연말에 예상되는 종합주가지수의 상단과 하단, 즉 코스피 밴드를 예측했다. 정작 연말의 종합주가지수는 증권사의 예측 예상폭 밖에서 결정되었다.* 전문가의 주가 예상이 틀리는 것은 매번 반복되는 일이다. 그럼에도 매번 전문가의 의견에 귀 기울이는 이유는 사람들이 그만큼 주식시장에서 길을 잃었다는 방증이다.

주가의 방향을 예측하는 것도 어렵지만, 더 어려운 일은 주가 등락의 타이밍을 예측하는 것이다. 주가가 언제 내리고 오르는지 정확히 예측할 수 있다면, 저가에 매수하여 고가에 되팔아 순식간에 수익을 극대화할 수 있다. 그렇기 때문에 사람들은 늘 전문가에게 매수 시점과 종목을 문의하곤 한다. 하지만 이런 정보는 대부분 개인 투자자들이 돈을 잃는데 활용된다. 한 조사에 의하면 1987년부터 미국 주식시장에서 투자자들이 벌어들인 수익금의 84퍼센트는 전체의 7퍼센트에 해당하는 기간에서 나왔다.** 바꾸어 말하면 평균적인 시점에서 매매한 투자자가 이익을 낼 확률은 희박하다. 따라서 특정한 매매 시점을 목표로 투자를 하면 손실을 볼 가능성이 이익을 볼 확률보다 훨씬 크다.

천재투자자들은 이런 주식시장의 불확실성이라는 특징을 잘 알고 인정하는 사람들이었다. 이들의 투자 철학에는 미래를 통째로 예측할 수 없는 자신의 한계를 인정하는 겸손함이 깔려 있었다. 고수

---

* 2016년 1월 22일 뉴스핌(Newspim).
** 존 리즈, 잭 포핸드 저, 김승진 역, 『천재투자자들』, 2010, 길벗 참조.

들은 하나 같이 애써 시장의 매수 타이밍을 예측하려고 하지 않았다. 그 대신 가치 있는 기업을 발견하면 장기간에 걸쳐 투자했다. 복잡한 변수에 일희일비하지 않고 원칙에 의거해서 투자했다.

비결 2: 예측이 아닌 원칙으로 투자한다

주식 투자에는 기회주의적 투자와 원칙 투자가 있다. 기회주의적 투자란 이익을 극대화하기 위해 주변 환경을 분석하고, 그 예측에 따라 투자하는 것을 말한다. 그러나 미래에 대한 예측이 불가능하다면 이러한 기회주의적 투자기법은 기본적으로 큰 의미가 없다. 잘못된 예측은 손실의 원인이 될 뿐이다. 이 경우 미래를 예측하고 투자하기보다는 일정한 원칙을 정해 놓고 행동하는 원칙 투자가 더 낫다. 왜냐하면 그 원칙을 일관되게 적용하면 자신도 모르는 인과관계나 우연에 의해 미래가 결정되는 범주를 축소해 줄 수 있기 때문이다.

성공한 투자자들 역시 한결같이 기회주의적 투자가 아닌 원칙에 입각해 투자를 한 사람들이었다. 워런 버핏 등 최고의 투자자 10인이 자신들에게 적용한 투자 철학과 원칙을 비교해 보았다.* 이들은

---

* 존 리즈, 잭 포핸드 저, 김승진 역, 『천재투자자들』, 2010, 길벗 참조.

모두 자신만의 원칙에 따라 행동함으로써 복잡한 시장상황에 얽매이지 않고 일관성 있게 투자할 수 있었다. 그런데 이들의 원칙을 비교해 보면 놀랍게도 다음과 같이 상당히 많은 공통점을 발견할 수 있다.

- 단순하게 투자한다(복잡한 투자기법으로 잔재주를 부리지 않고 단순하고도 명료한 방법으로 투자한다.)
- 지나친 욕심을 피한다.
- 규칙을 정해 놓고 철저히 지킨다.
- 인내심을 가지고 장기 투자한다.
- 잘 아는 자산 및 종목에 투자한다.
- 기업의 내재가치에 투자한다.
- 투자할 때는 자기만의 신념과 두둑한 배짱을 가진다.
- 잡다한 외부지식에 흔들리지 않는다.
- 지나친 부채를 경계한다.
- 정리할 때는 과감하고 미련 없이 한다.

위의 투자 행태는 얼핏 보면 단순하고 당연한 듯하다. 하지만 현실에서 시장의 일반적인 투자자들의 대부분은 투자 고수들과는 다르게 행동하고 있다. 예를 들어 일반적인 투자자는 시류에 귀를 기울이며 단기적으로 투자하는 성향을 보인다. 이들은 세계 각지에서 들려오는 각종 소식에 민감하게 반응하고 수익률을 높인다는 복잡한 투자방식에 쉽게 현혹된다.

대부분의 투자자들의 문제는 자신만의 원칙을 갖고 있지 않다는 데 있다. 독자들 중에서 상당수는 은행이나 증권사에서 복잡한 금융상품을 권유 받은 적이 있을 것이다. 그 종류도 워낙 많아서 어느 상품이 좋을지 결정하지 못하고 망설였던 경험이 있을 것이다. 만약 확실한 투자의 원칙을 가지고 있었다면 자신에게 맞는 투자 상품을 선택하는 것이 훨씬 수월했을 것이다.

다음의 표에서는 일반 투자자들의 행태와 투자 고수들의 원칙을 비교했다. 투자 고수들의 핵심 원칙만 따라 해도 주식시장에서 상당한 성과를 낼 수 있을 것이다.

	일반적인 시장의 투자자	투자의 고수
1	복잡한 투자기법을 사용한다.	단순하게 투자한다.
2	조금이라도 더 높은 수익률에 집착한다.	지나친 욕심을 피한다.
3	자신만의 투자 원칙이 없다.	규칙을 정해 놓고 철저히 지킨다.
4	단기 수익률의 등락에 집착한다.	인내심을 가지고 장기 투자한다.
5	주변의 말을 듣고 자신이 잘 모르는 자산에 투자한다.	잘 아는 자산 및 종목에 투자한다.
6	현재 눈에 보이는 외형적 지표 중심으로 투자한다.	기업의 내재가치에 투자한다.
7	결정을 내린 뒤에도 자꾸 후회한다.	투자할 때는 자기만의 신념과 두둑한 배짱을 가진다.
8	외부의 뉴스에 민감하게 반응한다.	잡다한 외부 지식에 흔들리지 않는다.
9	좋은 투자 기회가 있다면 빚을 진다.	지나친 부채를 경계한다.
10	투자한 본전 생각에 자산을 정리하지 못한다.	정리할 때는 과감하고 미련 없이 한다.

4. 천재투자자 대 크리스천 투자자

주식시장 천재투자자들의 투자 행태와 크리스천의 투자 원칙을 비교하면 어떨까? 청지기의 정신으로 투자한다고 하는 것은 구체적으로 어떤 투자 원칙에 따르는 것을 의미할까?

그 해답은 투자에 있어서 성경적 가치를 추구하는 데 있다. 구체적으로는 성경의 기본 정신에 부합하는 원칙을 세우고, 투자 시 이에 따르는 것이다. 아래 표에서는 천재투자자의 각 원칙에 대해서 크리스천 투자자라면 어떤 입장을 보일지 대비해 보았다. 크리스천 투자자의 입장은 앞서 설명한 청지기 정신으로 투자한다면 지켜야 할 원칙이다.

	시장 고수들의 원칙	크리스천 투자자의 입장 (청지기 투자 원칙)
1	단순하게 투자한다.	정직하고 투명하게 투자한다.
2	지나친 욕심을 피한다.	절제된 투자를 한다.
3	규칙을 정해 놓고 철저히 지킨다.	재물을 맡은 청지기 정신으로 투자한다.
4	인내심을 가지고 장기 투자한다.	투기하지 않고 장기적으로 투자한다.
5	잘 아는 자산 및 종목에 투자한다.	자신이 책임질 수 있을 만큼 잘 아는 자산에 투자한다.
6	기업의 내재가치에 투자한다.	진정한 가치를 발굴하고 지원한다.
7	투자할 때는 자기만의 신념과 두둑한 배짱을 가진다.	기도하고 내린 결정을 신뢰한다.
8	잡다한 외부 지식에 흔들리지 않는다.	결과에 대해 불안해하지 않고 평안한 마음을 가진다.
9	지나친 부채를 경계한다.	빚은 확실한 가치가 있을 때만 진다.
10	정리할 때는 과감하고 미련 없이 한다.	실수가 있었다면 빨리 인정하고 정리한다.

위의 비교를 보면 크리스천의 투자 원칙은 시장의 투자 고수들과 매우 유사한 행태를 보이는 것을 알 수 있다. 예를 들어 원칙 2의

"지나친 욕심을 피한다."는 크리스천 투자자에게도 동일하게 해당하는 것이다. 크리스천 역시 재물을 맡은 청지기의 정신으로 절제된 투자를 해야 한다. "인내심을 가지고 장기 투자한다." 역시 크리스천이 지켜야 할 원칙이다(원칙 4). 그 외에도 크리스천은 진정한 가치가 어디 있는지 고민해야 한다(원칙 6). 기도하고 내린 결정을 신뢰한다는 측면에서 자기만의 신념과 두둑한 배짱을 가진 천재투자자와 유사하다(원칙 7). 또한 결과에 대해 불안해하지 않고 평안한 마음을 가지는 것도 잡다한 외부 지식에 흔들리지 않는 투자 고수와 비슷하다(원칙 8).

결과적으로 볼 때, 크리스천으로 투자 원칙이 세상에서 성공한 고수들의 투자 원칙과 상당히 근접한 것을 알 수 있다. 크리스천으로서 성경적 원칙을 세우고, 이에 따라 투자해야 한다면 현실에서도 좋은 결과를 얻게 된다는 것을 추론할 수 있다.

이 책에서는 먼저 세상의 투자자들의 성공 비결을 살펴본 후 크리스천의 투자 원칙을 도출하였다. 그러나 주객이 전도된 느낌이 있다. 사실 크리스천의 투자 결과가 좋은 것은 당연하다. 물질의 주인인 하나님께서 물질을 늘리는 방법도 가장 잘 아신다. 따라서 성경적 원칙에 따라 투자하면 장기적으로 좋은 결과를 얻는다. 성공한 세상의 투자자의 원칙이 성경의 원칙에 근접하였다는 것은 하나님의 섭리가 재물을 주관한다는 것에 대한 또 하나의 방증이다.

임금의 차이를 어떻게 받아들여야 하나요?

. . . .

내가 네게 먹지 말라 한 나무의 열매를 먹었은즉
땅은 너로 말미암아 저주를 받고
너는 네 평생에 수고하여야 그 소산을 먹으리라.
_창세기 3장 17절

1. 임금의 차이가 반드시 실력의 차이는 아니다

공부를 마치고 국내의 한 기업 연구소에 취직했을 때였다. 같이 일하게 된 동료들은 국내에서 실력을 인정받는 전문가들이었다. 우리는 저녁시간에 모이면 경쟁사에 비해 급여 수준이 낮다고 회사를 성토하곤 했다. 당시 일하던 연구소는 모 기업의 여러 계열사들 중에서 가장 높은 급여를 지급하고 있었다. 다만 경쟁사 한 곳의 급여가 더 높은 것이 우리 자존심에 상처를 주었었다.

몇 년 후 난 직장을 옮겨 전혀 다른 성향의 동료들을 만났다. 새로운 동료들은 금융회사 영업조직을 관리하는 업무를 하고 있었는데, 저녁에 모이면 역시 회사가 다른 회사보다 낮은 급여를 지불한다고 상당히 뜨겁게 불평했다. 내가 이 불평의 대열에 동참하면서 자연스럽게 공감대가 형성되었다.

보통 같은 일을 하면 같은 임금을 받아야 한다고 생각한다. 그래서 사람들은 똑같은 시간을 일하고도 임금에 차이가 나는 현실은 잘 용인하지 못한다. 특히 우리나라 사람들은 평등의식과 의협심이 강해 자신이 다른 사람들보다 대우를 못 받는다고 생각되면 격하게 분노한다.

임금에 차이가 나는 이유

사람들은 주관적으로 자신이 높은 임금을 받으리라 기대하는 경향이 있다. 최소한 동일한 일을 하는 남들과 같은 수준의 임금을 받아야 한다고 생각한다. 그런데 현실에서 다른 사람의 임금이 더 높다고 여겨질 때 불만이 발생하게 된다. 그렇다면 임금의 차이는 도대체 왜 발생하는 것일까?

시장에서 임금은 기업 또는 사업주가 지불하는데, 이들의 경제적 목표는 최대한 이익을 많이 내는 것이다. 이를 경제학적 용어로 이윤 극대화라고 한다. 기업의 속성은 경제 활동의 결과물로 가능한 많은 이윤을 남기는 데 있다. 그러기 위해서 기업은 고용한 노동자의 임금을 그 생산성에 따라 지불해야 한다. 노동자의 생산성보다 높은 임금을 지불하면 기업은 손실을 보게 되어 이윤 극대화라는 목표를 달성할 수 없다. 그렇다고 노동자의 생산성보다 더 낮은 임금을 지불한다면 충분한 양의 노동을 고용할 수 없게 되기 때문에 이윤 창출의 기회를 놓치게 된다. 시장에서 기업이 노동자의 생산성에 상응하는 임금을 지불할 때, 비로소 이윤의 규모가 극대화된다. 결론적으로 기업은 개인의 생산성 차이에 따라 차별화된 임금을 지불하는 것이다.

생산성이 반드시 개인 능력의 차이는 아니다

시장원리에 따르자면 생산성이 높은 근로자는 많은 임금을 받고 생산성이 낮은 근로자는 적은 임금을 받는 것이 정상이다. 하지만 같은 능력을 가지고 똑같은 시간에 일을 한다고 해서 생산성이 같은 것은 아니다. 만약 장비가 풍부한 상황이라면 근로자 한 명이 생산할 수 있는 제품은 더 많아지기 때문에 그만큼 생산성이 높게 나타난다. 하지만 수공업에 의존하는 생산체계 하에서는 근로자가 아무리 열심히 일을 해도 생산할 수 있는 부가가치, 즉 생산성이 낮을 수밖에 없는 것이다.*

우리나라에서는 대기업들의 기계 장비율(노동자 1인이 생산 활동에 활용할 수 있는 기계자산)은 중소기업에 비해 월등히 높다. 이 때문에 대기업에서의 노동 생산성은 중소기업보다 당연히 높게 나타나기 마련이다. 바로 이 노동 생산성의 격차 때문에 대기업 근로자들은 같은 시간 일을 하고도 더 많은 임금을 받는 것이다.

산업별로 임금 수준이 다른 것도 노동 생산성의 차이 때문이다. 삼성전자와 같은 기업의 노동 생산성은 글로벌 시장에서 결정이 되기 때문에 전반적인 임금 수준이 높게 형성된다. 반면 국내 시장에

---

* 김형주, 박병관 저, 『뉴스 속의 경제 따라잡기』, 2001, 새로운제안, p 99.

서 치열하게 경쟁하는 외식산업은 노동 생산성이 높아지기 어려운 구조를 가지고 있다.

자, 위의 명제를 임금 수준에 대비해 보자. 만약 내 임금 수준이 낮다고 한다면 내가 시장에 제공하는 노동의 생산성이 낮다고 이해하면 된다. 낮은 노동 생산성에는 개인적인 능력이 원인일 수도 있고 아니면 내가 속한 기업 또는 산업 전체의 생산성이 낮은 것일 수도 있다. 풀어서 말하면, 내 임금이 낮은 이유가 꼭 내 능력이 부족해서가 아니라는 것이다.

2. 연봉이 적다고 느껴질 때

현재 내가 받는 급여가 친구들보다 낮다면 어떻게 해야 할까? 우선 현실에 대해서 냉정해질 필요가 있다. 임금 차이를 감정적으로 받아들일 필요가 없다는 말이다. 결국 임금 수준을 결정하는 것은 시장의 생산성과 희소성이기 때문이다.

임금이 낮다고 해서 노동의 가치가 낮은 것은 아니다. 내 직업이 사회복지사로서 소년소녀 가장을 돌보는 것이라고 가정해 보자. 이

일이 고액의 연봉을 받는 증권사 펀드매니저보다 가치가 없다고 할 수 없을 것이다. 시장이 측정하지 못하는 가치는 임금에 반영되지 못할 뿐이다. 시장은 소년소녀 가장이 사회복지사를 통해 얻게 되는 위로와 소망이라는 가치를 반영하지 못한다. 이런 무형의 가치들은 기업의 이윤 극대화와 단기적으로 관련이 없기 때문이다. 만약 내 임금이 낮은 게 객관적인 사실이라면 여기에 대해 세 가지 선택을 할 수 있을 것이다.

첫째, 개인적 생산성을 높인다. 임금을 높이는 방법으로 자기계발을 하고 더 열심히 일한다. 개인적 생산성이 높아진다면 주어진 산업의 구조 하에서 임금 수준도 자연스럽게 상향곡선을 그리게 될 것이다.

둘째, 생산성이 높은 기업 또는 산업으로 전직을 한다. 특정 조직 또는 산업의 생산성은 나 혼자의 힘으로 바꿀 수 없다. 주로 조직과 시장의 구조적 요인이 낮은 생산성의 원인이기 때문이다. 이 경우 생산성이 높은 기업이나 산업으로 전직을 하는 것도 임금을 높이는 한 방법이 될 것이다.

셋째, 주어진 임금을 현실로 받아들인다. 내가 선택한 일이라고 한다면, 사업주가 생산성에 따라 임금을 책정한다는 사실을 인정하는 것이 정신건강에 좋겠다. 전혀 다른 일을 하는 친구와 임금을 비교해 봤자 기분만 상할 뿐이다.

연봉에 대한 착시

선택은 개인의 몫이다. 타인과의 임금 차이 또는 내 목표치와 현실이 큰 차이가 난다면 변화의 방법들을 고려해 보아야 할 것이다. 그러나 현실에서 막상 비교해 보면, 생각했던 것보다 실질적인 임금에 큰 차이가 없는 경우 많다. 사람은 대개 다른 사람의 떡을 자기 떡보다 크게 생각하는 경향이 있다. 객관적으로 임금 수준을 비교하고 세금 및 복리후생적 요인을 감안하면 임금의 차이가 생활패턴을 조금만 조정하면 감내할 수 있는 수준인 경우도 있다. 임금 때문에 이직을 고려한다면 세금을 제외한 임금에 복리후생 조건과 비정기적으로 지급되는 보너스까지 포함한 실질적인 임금 총액을 비교해 보기를 권한다. 그리고 현재뿐만 아니라 미래의 임금 인상 가능성도 함께 비교해 보아야 한다. 직장을 옮기고 나서 3-4년이 지나면 옛 직장의 임금 수준이 도리어 높아지는 경우가 종종 있기 때문이다.

중요한 것은 누가 어디서 얼마를 받는다는 주변의 말에 너무 휘둘리거나 우왕좌왕하지 않고 객관적이고 지혜롭게 판단하는 것이다. 개인적인 생각으로는 임금 차이가 획기적으로 크지 않다면 장기적 차원에서 접근하는 것이 바람직해 보인다. 임금도 중요하지만 더 중요한 것은 나에게 의미 있는 일을 하는 것이다. 돈과 행복을 모두 가질 수 없다면 당연히 행복을 선택해야 되겠다.

3. 직업이 소명이라면

독일어에서 직업은 '부르다(Ruf)'라는 단어의 수동태 형태인 '베루프(Beruf)'이다. 독일어의 직업을 직역하면 '부름을 입다'라는 뜻인 셈이니 그 어원이 다분히 신앙적이다. 하나님의 뜻에 따라 부름을 입어 하는 일이 직업이라는 의미로 해석된다.

하나님으로부터 부름을 입었다는 것은 여러 가지 의미를 내포하고 있다. 먼저 직업은 신중하게 생각하고 선택해야 한다는 것이다. 독일에서는 많은 직업이 비교적 어린 나이에 결정된다. 미용사, 정육사, 배관수리공, 은행원 등 전통적인 직업군들은 직업고등학교와 사업장에서 실습을 위주로 한 도제식 교육을 통해 전수된다. 한 사람이 일생에서 직업 교육을 두 번 이상 받기는 쉽지 않은 만큼 독일인들은 어린 시절 한번 결정한 직업을 웬만해서 바꾸려 하지 않는다.

이러한 경향은 급변하는 지식사회의 필요에 대해 직업의 형태가 민첩하게 적응하지 못한다는 단점이 있다. 실제로 인터넷 붐이 일어난 1990년대 말 독일의 기업들은 새로운 방식의 서비스 환경에 적응하지 못해 고전했었다. 반면 진중한 직업관은 숙련된 전문가를 양성함으로써 정교한 고품질의 상품 생산을 가능하게 해 주는 장점이 있다. 예를 들어 독일 자동차 업계는 세계 고급자동차 시장에서 압도적인 비중을 차지하고 있다. 독일이 아닌 다른 곳에서 정교한 부품 하나하나가 정확히 매치되는 고품질의 자동차를 설계하고 생산하기는 어렵다고 한다.

직업을 얼마나 자주 바꿀지는 개인적인 선택일 뿐 경제에 미치는 영향에는 장점도 있고 단점도 있다. 중요한 것은 직업이 하나님께로부터 받은 소명인 만큼 신중하게 고민하고 결정해야 한다는 것이다.

하나님으로부터 부름을 받았다는 또 하나의 의미는 소중하다는 데 있다. 고대 그리스 문화에서는 대부분의 직업이 천박한 것으로 여겨졌다. 당시 노동력을 제공하고 돈을 받는 일은 노예들이나 하는 것이었다. 자유로운 시민이 할 수 있는 가장 고상한 일은 농사지을 땅을 가지고 있으면서 일은 노예에게 시키고 자기는 아무것도 하지 않는 것이었다. 일에 대한 고대 사람들의 생각은 기독교가 전파 된 중세에 이르러서야 바뀌기 시작했다. 교회는 왕과 귀족들로부터 많은 땅을 넘겨받아 수도원을 세웠는데 수도사들은 시간을 지켜 예 배를 보고 짬짬이 나는 시간에 밭에 나가 일을 해서 생활에 필요한 것들을 구했다. 그들은 노동을 노예들만 할 일이라고 생각하지 않았 다. 당시 수도사들은 모두 자유시민이나 귀족 출신이었지만 과거 로 마제국의 노예들이 하던 일을 했다. 그들은 아무것도 하지 않는 것 은 정신에 해로울뿐더러 하나님께서 주신 시간을 낭비하는 것으로 생각했다.

만약 일을 소중히 여기는 기독교적 가치가 없었다면 아직도 공장 이 세워지지도 않았고 산업화가 일어나지 않았을지도 모른다. 근대 의 복잡한 경제시스템은 어느 특정 계층의 단순노동으로만 유지될 수 있는 것이 아니기 때문이다.

우리는 모두 어떤 형태로건 일을 한다. 소명을 받았다는 확신이 있다면 우리가 어떤 일을 하느냐는 우선적으로 중요하지 않다. 왜냐 하면 부름을 받은 일은 모두 귀한 것이기 때문이다.

직장에서의 스트레스에 어떻게 대응해야 하나요?

· · · · · · · · · · · · · · · · · · ·

생명에는 생명으로, 눈에는 눈으로, 이에는 이로,
손에는 손으로, 발에는 발로이니라.
_신명기 19장 21절

1. 크리스천이 일하기 싫어해도 되나요?

한 주가 시작할 즈음이면 왠지 모르게 맥이 빠지고 기분이 우울해지는 월요병에 걸리는 사람들이 많다. 많은 크리스천 역시 교회 주일예배에 나와서도 다음날 출근할 생각을 하면 괜히 짜증이 나는 경험을 한다. 아마 독자 중에서도 주일 오후 '시간이 멈추었으면' 하고 눈을 감아 본 경험이 있지 않을까? 어떻게 새로운 한 주를 시작할지, 실적은 또 어떻게 채우고 상사의 눈총을 어떻게 감당할 수 있을지, 머리가 지근거린다. 대체로 한 주 근무를 앞둔 사람들이 많이 하는 고민일 것이다. 이렇게 직장에 나가기 싫어서 몸부림치다 보면 문득 한 가지 의문이 스치고 지나간다. 사람이 반드시 일을 해야 하는가?

인간은 본성적으로 일을 싫어한다

본래 인간은 일을 하지 않도록 지어졌다. 성경에 보면, 하나님의 형상에 따라 창조된 인간의 역할은 다른 피조물을 다스리고 세상의 열매를 즐기는 것이었다. 그러나 아담이 범죄 하자 그 대가로 하나님은 인간에게 노동을 명령하셨다.

내가 네게 먹지 말라 한 나무의 열매를 먹었은즉 땅은 너로 말

미암아 저주를 받고 너는 네 평생에 수고하여야 그 소산을 먹

으리라(창 3:17).

   애초에 하나님이 인간을 창조한 취지는 노동이 아니었다. 어찌

보면 인간이 본성적으로 일을 싫어하는 것은 당연한 현상이다. 이러

한 인간의 본성을 반영하듯, 고대부터 중세 초기까지는 일하지 않는

사람이 이상형이었다. 고대 그리스 문화에서는 대부분의 일이 천박

한 것으로 여겨졌다. 당시 노동력을 제공하고 돈을 받는 일은 노예

들이나 하는 것이었다. 자유로운 시민이 할 수 있는 가장 고상한 일

은 농사지을 땅을 가지고 있으면서 일은 노예에게 시키고 자기는 아

무것도 하지 않는 것이었다.

   경제학에서도 일은 기본적으로 인간이 하기 싫어하는 것이라고

전제한다. 고용주는 싫어하는 일을 시키기 때문에 임금으로 보상을

해 주어야 한다. 만약 사람이 일을 좋아한다면 임금을 줄 필요가 없

을 것이다. 이 경우 일을 하게 해 주는 대가로 오히려 돈을 받아야

할 것이다. 현실에서는 대다수의 사람들이 싫어하는 일을 하고 돈을

받는다.

그렇다면 인간은 왜 이렇게 하기 싫어하는 일을 해야 하는 것일까? 여기에는 두 가지 이유를 들 수 있다.

첫째, 돈을 벌기 위해서다. 경제학에 따르면 인간은 기업에 노동력을 제공하고 그 대가로 임금을 받으며, 그 임금을 다시 기업이 생산한 재화를 구매하는 데 쓴다. 즉 인간은 소비하는 데 필요한 돈을 벌기 위해 일을 하는 것이다.

둘째, 더 고상한 삶을 위해 일을 한다. 중세시대 교회는 왕과 귀족들로부터 많은 땅을 넘겨받아 수도원을 세웠는데, 수도사들은 시간을 지켜 예배를 보고 짬짬이 나는 시간에 밭에 나가 일을 해서 생활에 필요한 것들을 구했다. 당시 수도사들은 모두 자유시민이나 귀족 출신이었지만 자발적으로 과거 로마제국의 노예들이 하던 일을 했다. 그들은 아무것도 하지 않는 것은 정신에 해로울뿐더러 하나님께서 주신 시간을 낭비하는 것이며, 일을 통해 더 경건해질 수 있다고 생각했다.

현실적으로 우리가 일해야만 하는 운명이 되었다면 보다 긍정적인 차원에서 일을 바라볼 필요가 있다. 싫어하는 일을 꼭 해야 한다면, 앞의 두 가지 이유 중에서 두 번째 이유로 하는 것이 좋다. 즉 내

삶을 더 고상하고 풍요롭게 이루어 가려는 방편으로 일을 하는 것이다. 돈이 많아서 일하지 않고 놀고먹는다고 생각해 보라. 아마 성격이 망가지고 하나의 온전한 인격체로서 성장하기 어려울 것이다. 내가 오늘 그리스도를 닮는 고상한 인격으로 성장하는 데 훈련의 과정이 필요하므로 일을 한다. "평생에 수고하여 그 소산을 먹으라."는 하나님의 명령에도 부응할 수 있게 해 주니 신앙적으로도 큰 의미가 있다. 범죄 한 인간에게 일하라고 명령하심은 일이 나의 죄성을 다스리는 데 도움이 된다는 의미로 볼 수 있다. 또한 일은 나의 인격이 고상해지고 성숙해지는 기회를 제공한다. 그런 의미에서 일할 수 있다는 것은 축복이다.

의미 있는 일을 할 때 '임금'의 형태로 대가까지 주어진다. 즉 일을 함으로써 돈을 벌 수 있고, 내가 먹고 살 수 있도록 해 준다. 힘들어도 일을 통하여 내게 주어지는 축복들을 생각하며 월요일을 이겨 내자. 힘써 일하면 곧 안식일이 올 것이다.

2. 왜 유독 우리나라의 직장 생활이 힘들까?

"회사가 전쟁터라고? 밖은 지옥이야!"

얼마 전 방영된 드라마 "미생"에 나오는 대사다. 우리나라에서 직장 안과 밖의 삶이 얼마나 처절한지 적나라하게 나타내 주는 대사로 언론과 온라인에서 뜨겁게 회자되었다. 수많은 사람들이 이 대사에 공감했다는 사실에서 우리나라에서의 직장 생활이 얼마나 힘든지를 짐작해 볼 수 있다.

대한민국에 사는 사람이라면 거의 모두가 공유하는 말이 있다. "살기 힘들다"는 말이다. 학교에서, 직장에서, 가정에서 어디 가나 힘들다는 사람뿐이다. 이런 사실은 주관적 판단뿐만 아니라 객관적 수치로도 확인된다. 우리나라의 인구대비 자살률은 OECD 국가 중 압도적인 1위이며(125페이지 그래프 참조) 행복지수는 최하위권이다.

문득 '왜 우리나라 사람들만 이렇게 힘들까?' 하는 의문이 든다. 사람 사는 것은 다 똑같다고 하지 않았던가? 경제적으로는 우리도 이제 먹고 살만 한데, 왜 유독 대한민국에서만 이렇게 힘들어 하고 불행해야 하는 것일까?

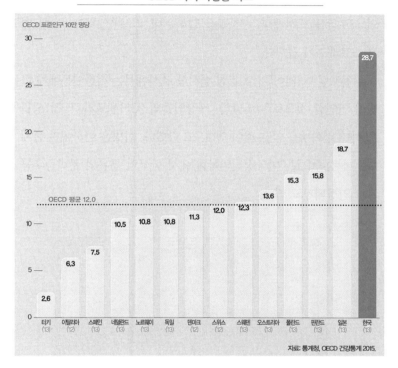

직장인들의 화병

　힘들다는 우리나라에서도 특별히 힘든 것이 있다. 바로 직장 생활이다. 한 조사에 의하면 우리나라 직장인 10명 중 8명이 "번아웃 (burn out) 증후군"에 시달리고 있다고 한다. '번아웃 증후군'은 한 가지

일에만 몰두하다 갑자기 어느 시점에서 모든 연료를 소진하듯 극도의 피로감을 느끼게 되는 증상을 말하는데, 그 원인으로 과도한 업무 스트레스가 꼽힌다.

취업포털 "커리어"가 2015년 실시한 조사에서는 직장인들에게 화병이 만연한 것으로 나타났다. 직장인들의 90퍼센트가 "직장 생활을 하면서 화병을 앓은 적이 있다."고 답했다. 화병은 한국에만 존재하는 신경증으로 "미국정신의학회"에서 한국인 특유의 문화증후군으로 인정되기도 했다.

자가 진단을 위한 화병의 주요 증상[*]

가슴이 답답하거나 숨이 막혀 힘이 든다.
치밀어 오르는 느낌이 들어 힘이 든다.
얼굴이나 가슴으로 열감이 느껴진다.
목, 명치에 뭉친 덩어리가 느껴져 힘이 든다.
억울하고 분한 마음이 많이 든다.
마음속에 화가 쌓여 있거나 분노가 치민다.

스트레스의 원인은 경쟁과 이기심

도대체 대한민국의 직장인들은 왜 화병에 걸릴 정도로 힘든 것일

* 취업포털 커리어

까? 설문조사에서 직장인들은 화병에 걸리는 가장 큰 원인으로 '업무 성과에 대한 스트레스'를 지목하였다. 성과에 대한 압박이 상사 및 동료와의 갈등을 빚어내고 이는 다시 과다한 업무로 이어져 스트레스를 높이는, 일종의 악순환이 발생한다는 것이다. 결국 우리나라 특유의 업무 성과를 압박하는 직장 문화가 화병으로까지 이어진다는 설명이다.

직장 생활을 한다면 당연히 일정한 업무 성과를 내야 한다. 모든 직장은 특정한 성과를 이루기 위한 목적으로 조직된 것이기 때문이다. 하지만 대다수의 직장 구성원이 화병에 걸릴 만큼 심한 업무 스트레스에 시달린다면 그 원인에 대해 고민해 보아야 한다.

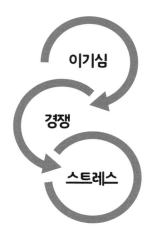

업무 성과에 대한 압박은 '사회 구조적 요인'과 '인간 내면'의 요인이 상호 작용을 하면서 스트레스로 이어지기 때문에 발생한다. 스트레스와 가장 밀접한 연관이 있는 사회 구조적 요인으로는 경쟁을 들 수 있고, 인간 내면의 요인으로는 이기심을 들 수 있다. 이 두 가지 요인은 다음과 같은 작용을 통해 성과 압박을 상승시킨다.

경쟁: 사회에서의 경쟁 강도가 치열할수록 성과에 대한 압박은 상승한다.

인간의 이기심: 성공하겠다는 인간 내면의 욕구가 강하면 강할수록 경쟁이 치열해지면서 성과에 대한 압박이 상승하게 된다.

우리나라의 사회 구조상 경쟁의 강도는 세계 어느 나라보다 심하다. 우리는 어린 시절부터 좋은 대학에 들어가기 위해 치열한 경쟁을 벌인다. 대학에 들어가면 취업 경쟁을 하고, 이는 다시 직장에서의 성과 경쟁, 승진 경쟁으로 이어진다. 경쟁을 추구하는 문화는 직장에서 개인들에게 스트레스와 화병이라는 부메랑으로 돌아온다.

우리나라 사람들이 강한 것 또 하나는 개인적 성공에 대한 열망이다. 대다수의 사람들이 사회적으로 성공해서 주변으로부터 인정받는 입신양명을 꿈꾼다. 인간이라면 누구나 성공하고 싶어 한다고 반문할 수도 있겠다. 하지만 많은 다른 나라에서는 사회적 성공보다 자신의 행복에 삶의 우선순위가 있다. 대부분의 유럽 국가에서는 개인이 추구하는 삶의 우선순위가 명문대 입학이나 대기업 취직과 같이 사회적 성공에 있지 않다. 그곳 사람들은 원활한 인간관계와 개인의 행복을 사회적 성공보다 더 중요하게 여긴다. 반면 우리 사회의 구성원들은 어린시절부터 성공을 위해 참으로 많은 희생을 한다.

종합적으로 볼 때 우리나라에서의 직장 생활이 유별나게 힘든 것은 경쟁이 치열한 사회 구조와 개인적인 성공에 강한 열망이 복합적으로 작용한 결과라고 할 수 있다.

3. 크리스천이 노출되는 직장 스트레스

그렇다면 크리스천은 앞의 '화병 스트레스'의 증상들에서 자유로운가? 내 경험으로는 전혀 그렇지 못하다. 크리스천도 다른 사람들과 똑같이 연약한 인간이다. 물론 신앙을 통해 위로를 많이 받지만,

다른 한편으로는 직장과 사회에 대한 신앙인으로서의 책임감이 더 큰 스트레스를 불러오기도 한다. 크리스천이기 때문에 본이 되어야 하고, 모든 사람을 사랑해야 한다는 부담감이 추가적인 스트레스 요인으로 작용하는 것이다.

여기에 교회와 직장 사이에는 상당한 문화적 괴리가 존재하는 것도 스트레스 요인으로 작용한다. 독실한 크리스천일수록 사랑과 양보를 강조하는 교회에서 생활하다가, 생존경쟁이 지배하는 정글과 같은 직장 문화에 적응하기 힘들어한다. 상당수의 크리스천들이 직장 생활에 적응하지 못할 정도로 스트레스에 노출되어 있다.

크리스천들이 범하기 쉬운 오류 중 하나는 경쟁과 이기심을 죄악시하는 것이다. 우리는 경쟁과 이기심이 현대 경제사회를 이루는 핵심요소라는 사실을 기억해야 한다. 현실을 막연한 이유로 부인하면 자칫 사회생활에서 더 큰 스트레스에 빠질 수 있다.

기본적인 이기심을 용납하자

먼저 이기심에 대한 올바른 이해가 필요하다. 이기심은 인간의 본성이며, 이 역시 하나님께서 주신 것이다. 모든 인간은 자신에게 가장 좋은 것을 선택하려는 본능을 가지고 있다. 이러한 기본적인 이기심이 없으면 사람은 생존할 수 없거니와 생육하고 번성하라(창 9:1)는 하나님의 말씀을 실천할 수 없다. 따라서 크리스천은 기본적으로 인간의 이기심을 용납할 필요가 있다. 다만 지나친 이기심은 자칫 탐욕으로 발전할 수 있기 때문에 경계해야 한다(이기심에 대한 자세한 사항은 2장에서 다루었다.).

경쟁을 받아들이는 태도

경쟁은 개인이 바꿀 수 없는 우리 사회의 구조적 요인에 속한다. 성경에도 보듯이 모든 인간은 죄와 욕심으로 가득 차 있다. 그런 인간들이 함께 일하고 경쟁하는 곳이 직장이다. 어찌 보면 힘든 것이 당연하다. 시장경제의 핵심요인인 경쟁을 외면한다면 현실 경제에 기여하지 못할 것이고 생존하기도 힘들게 된다.

크리스천들은 단순히 경쟁을 외면하기보다는 원칙을 지키면서 경쟁에 임할 필요가 있다. 우리가 성실하고 정직하게 일한다면 오히려 도덕적으로 올바른 경쟁을 유도하게 될 것이다. 서로 경쟁을 하되, 공정하게 규칙을 준수하고 다른 사람을 배려하는 정신이 있어야 한다. 사실 경쟁 자체가 문제가 아니라 공정성과 남을 배려하는 정신이 부족하기 때문에 편법이 난무하고 직장에서도 서로 힘들게 하는 것이다.

4. 직장 갈등의 딜레마

직장은 기본적으로 갈등이 발생하기 쉬운 구조로 구성되어 있다. 대다수의 직장에서는 나의 이익을 위해서 다른 사람을 활용하고 동료들과 경쟁해야 하기 때문이다. 인간은 본능적으로 개인의 이해관계를 위해 행동한다. 각자 이해관계가 다른 사람들이 직장이라는 곳에서 동시에 자신의 이익을 위해서 행동하면 인간관계에서의 갈등이 증폭되게 마련이다. 동·서양, 어느 곳을 막론하고 직장에서는 갈등이 있다. 다만 갈등의 정도는 사회적, 문화적 요인에 따라 다르게 나타날 뿐이다.

문제는 이기심과 경쟁 그리고 이로 인한 갈등이 직장 내에서 모두를 패자로 만들 가능성이 높다는 데 있다. 그 누구도 직장 생활에 실패하는 것을 원하지 않는다는 측면에서 이런 상황은 일종의 딜레마일 수밖에 없다. 다음의 사례는 어느 직장에서나 자주 발생하는 상황을 묘사하고 있다.

"자료 좀 보여 줘. 급히 보고서를 써야 해"

"무슨 자료?"

"경쟁사의 영업 동향 말이야. 최근 우리 회사 영업이 어려움을 겪고 있는 원인을 분석하려고….”

"그런 민감한 자료를 내게서 찾으면 곤란하지."

우리는 종종 같은 회사 내의 동료들 간에 정보를 공유하지 않는 경우를 경험하곤 한다. 사람들은 내가 힘들게 얻은 정보를 굳이 경쟁자인 동료에게 알려 줄 필요가 없다고 생각한다. 정보는 나의 실력을 입증할 기반이고, 어려울 때 힘이 되어 줄 것이라고 믿는다.

그러나 바꾸어 생각하면, 회사가 잘되어야 나도 있는 것이다. 치열한 경제 전쟁에서 살아남기 위해서 회사는 정보를 필요로 한다. 그리고 내가 필요할 때 동료가 정보를 제공해 줄 수도 있으니, 정보를 공유하는 것이 서로에게 이익이다. 직장에서의 업무는 개인의 이익만 생각하기보다는 다른 사람을 배려하고 서로 협력할 경우 더 좋은 결과를 야기하는 경우가 대부분이다. 지나친 경쟁보다는 동료들 그리고 타 부서와 협력하는 것이 조직 전체와 각 개인들의 목표 달성에 도움이 된다.

그러나 사람들은 동료보다 더 많이 인정받고 더 빨리 승진하기 위해 개인만을 생각하는 경향이 있다. 동료들을 이겨야 할 대상으로 생각하고, 협력하기보다는 각자의 이익을 극대화하는 것이다. 이런 개인적이고 이기적인 선택은 공동체에 손실을 입히고, 종종 갈등의 원인이 된다.

문제의 심각성은 대다수의 직장인이 이런 사실을 알고 있다는 데 있다. 그런데도 사람들은 서로 협력하기보다는 각자의 이익을 극대화하는 이기적 선택을 한다. 그 이유는 다른 사람을 믿지 못하는 데 있다. 설령 내가 협력을 한다고 해도 다른 사람들이 함께 협력하지 않으면 나 혼자만 낙오자가 될 것이기 때문이다. 그럴 바에야 나의 이익에 충실해야 최소한 중간은 갈 것이라고 생각한다.

결국 다른 사람을 믿지 못하기 때문에 나만의 이익만을 추구하는 근시안적 행동을 선택하게 되는 것이다. 사회과학에서는 이런 현상을 "죄인의 딜레마"라고 한다. 모두가 협력하는 것이 더 좋다는 것을 알면서도 이기적으로 자신만을 위하는 딜레마가 발생하는 것이다.

사회생활에서 빈번히 발생하는 딜레마는 단기적인 안목으로는 해결할 수 없다. 다음 장에서는 개인의 입장에서 효과적으로 직장의 딜레마에 대처하는 방법을 소개하고자 한다.

5. 적(敵)과 협력하는 방법

　제1차 세계대전 당시 전투가 가장 치열했던 서부전선에서는 믿기 힘든 일이 벌어졌다. 아침 8시가 되자 양 진영에서 약속이나 한 듯이 공격을 멈추었다. 그리고 연합군과 독일군 병사들이 벙커에 들어가 식사를 하기 시작했다. 담배를 피우는 병사도 있었고 심지어는 커피를 타 마시기도 했다. 간 큰 몇몇은 참호 밖으로 나와 서성거리며 휴식을 즐기는 데도 적군은 사격을 하지 않았다. 어떻게 6백만 명이 넘는 전사자가 발생했던 가장 참혹한 전쟁터, 서부전선에서 이런 일이 가능했을까?

　1914년 전쟁이 일어나자 처음에는 양쪽 병사들이 목숨을 걸고 싸웠다. 그러나 아무리 싸워도 군인들의 희생만 커질 뿐 영토의 변화 없이 전선은 그대로 고착화되었다. 크리스마스가 되자 양쪽 병사들은 자기 파괴적인 전투를 스스로 자제하기 시작했다. 식량창고 쪽으로는 사격을 하지 않았으며, 날씨가 춥거나 비가 올 때는 모두 전투를 쉬었다. 남을 죽이지 않으면 내가 죽는 가장 적대적인 공간인 전쟁터에서 협력이 자생적으로 발생한 것이다.

　당시 병사들은 장기간의 전투 경험을 통해서 상대방과 소통하는 법을 습득했다. 전투를 하다가도 이른 아침 한쪽에서 사격을 멈추면 다른 쪽에서도 사격을 멈추기 시작했다. 몇 번의 시행착오를 거쳐 서로의 신호를 신뢰하게 된 후부터는 마음 놓고 오전 한 때의 평화를 즐기게 된 것이다.

전쟁 상황에서의 협력은 군인들이 현재 처한 상황이 장기간에 반복된다는 사실을 깨달으면서 시작되었다. 내가 총을 쏘면 상대방도 총을 쏘았고, 내가 쏘지 않으면 상대방도 쏘지 않는 식의 암묵적 의사전달이 이루어진 것이다. 서로에게 총을 겨누어 죽이지 않는 것이 모두에게 이득이라는 사실은 모두가 알고 있었다. 반복되는 전투 상황에서 서로 신뢰할 만한 소통의 방법을 찾아낸 것이 협력의 열쇠가 되었다.

많은 사회적 딜레마 중에서도 가장 이해하기 힘든 딜레마는 전쟁일 것이다. 엄청난 인적, 물질적 손실이 발생하는 데도 그리고 그 부분에 대해 서로 잘 아는 데도 전쟁이 발생한다. 앞의 사례는 극단적 딜레마인 전쟁에서도 협력이 발생할 수 있다는 사실을 보여 준다.

협력의 핵심은 첨예한 갈등 하에서도 서로 신뢰할 수 있는 소통의 방법을 찾아내는 것이다. 직장 생활이 꼬여만 간다면 신뢰할 수 있는 소통의 방법이 무엇이 있는지 찾아보자. 허심탄회한 대화는 소통에 도움을 줄 것이다. 무엇보다 서로가 신뢰할 수 있다는 믿음을 상대방에게 인식시켜 주어야 한다. 그러기 위해서는 서로의 관계가 일시적으로 끝나는 것이 아니라 최소한 같은 직장에 있는 동안 반복된다는 사실을 스스로 깨닫고 다른 사람들에게도 상기시키는 것이 매우 중요하다.

눈에는 눈 이에는 이

미국의 정치학자인 로버트 액설로드(Robert Axelrod)는 서로 협력하지 않고 각자 이기적 선택을 하는 '죄인의 딜레마'에서도 상황이 충분히 반복적이라면 협력이 이루어질 수 있다는 것을 과학적으로 밝혀냈다. 그는 1차 세계대전에서의 전투와 같은 딜레마적 상황을 컴퓨터 시뮬레이션의 형태로 무제한으로 반복시켰다. 그리고 이 반복된 죄인의 딜레마 게임에서 가장 높은 점수를 얻는 전략을 찾았다.[*]

게임을 수없이 반복하여 진행한 결과 실제로 가장 높은 점수를 얻은 전략은 "눈에는 눈 이에는 이(tit for tat)" 전략이었다. 이 전략은 상대방이 내게 협력을 해 오면 나도 다음 게임에서 상대방에 협력을 해서 서로 높은 점수를 주고, 상대방이 협력하지 않으면 다음 라운

[*] Robert Axelrod, *The Evolution of Cooperation*, 2007, PerseusBooksGroup.

드에서 나도 상대방에게 협력하지 않고 응징하는 전략이었다. 이 단순한 전략을 흔들림 없이 구사한 결과, 게임의 횟수가 더할수록 상대방은 자신이 협력을 할 때만 상대방도 협력을 한다는 사실을 깨닫기 시작했다. 그리고 이 시그널을 신뢰할 수 있음을 확인하는 순간부터 모든 게임 참여자가 협력하기 시작했다.

사회생활에서 대부분의 경우 서로 협력하는 것이 최선의 결과를 가져온다. 그러나 직장에서 종종 다른 사람의 입장은 배려하지 않고 자신의 이익만 추구하는 사람들을 보게 된다. 이런 사람들에게 무조건 양보하는 것이 능사가 아니다. 자칫 나 자신뿐만 아니라 조직 전체도 장기적으로 손해를 입을 수 있기 때문이다. 상대가 비협조적으로 나오면 나도 협력하지 않을 수 있음을 명확하게 보여 주어야 한다. 상대가 비협력의 결과로 인해 자신의 장기적인 이익도 침해를 받을 수 있다는 것을 명확히 인지하는 순간 협조적으로 나올 것이다. 적어도 이성적인 판단을 하는 사람이라면 말이다.

이번 게임이 마지막이 아님을 인식시켜라

앞서 설명한 로버트 액설로드의 실험에 의하면 인간은 이기심으로 가득 차 있다고 하더라도 장기적으로는 소통의 시그널을 찾을 수 있다. 그 전제 조건으로 딜레마적 상황이 일시적이지 않고 지속적으로 반복되어야 한다. 상황의 반복 속에서 발생하는 소통의 시그널을 신뢰하는 순간 서로 협력하기 시작한다.

현실에서는 무한대가 아니더라도 딜레마가 반복되는 상황이 언제 끝날지 장담할 수 없는 상황만 되어도 충분하다. 사람들은 언제 서로의 관계가 끝날지 알지 못하는 상황에서 서로 협력하려는 경향을 보인다. 단기적 결과만이 아니라 장기적 관점이 존재한다는 것을 보여 주면, 서로 협력하는 것이 나에게 이익이고 또 상대방도 그렇게 생각할 것이라고 믿기 시작한다는 것이다. 다만 딜레마적인 상황이 끝나는 시점을 확실히 알게 되면 그 순간부터 사람들은 다시 이기적으로 자신의 이익만을 추구하는 딜레마로 돌아가게 된다.

기독교인들에게 있어서 인생은 끝이 아니다. 세상에서의 시간이야 끝이 있겠지만 시간을 주관하시는 분은 영원하신 하나님이시라는 사실을 우리는 믿는다. 마치 죽음과 함께 모든 것이 끝날 것처럼 세상에서의 개인적 이익만을 추구하여 직장에서 그리고 사회에서 딜레마를 만들어 낼 필요가 없다. 기독교 신앙이 우리 사회의 딜레마를 극복할 수 있는 또 극복해야 하는 이유가 여기에 있다.

크리스천 기업은 어떻게 경영해야 하나요?

1. 폭스바겐 위기의 교훈

세계 최대 자동차 생산업체인 폭스바겐은 디젤엔진 배기가스 조작 사건으로 위기를 맞았다. 디젤엔진 차량에 부착된 공기정화장치를 배기가스 검사 시에만 작동하게 하고 주행 시에는 멈추도록 조작한 것이다. 이 사건으로 폭스바겐은 2017년 1월 43억 유로(약 5조 원)의 벌금을 내기로 미국 정부와 합의했다. 그 외에도 전 세계적으로 진행되는 정부 조사, 벌금 및 집단소송에 추가적으로 천문학적인 비용이 소요될 전망이어서, 폭스바겐은 창사 이후 최대의 위기 상황을 맞은 것으로 보인다.

폭스바겐의 역사는 자동차광인 '히틀러'에 의해 시작되었다. 히틀러는 당대 독일 최고의 자동차 엔지니어였던 '포르쉐'에게 온 국민이 탈 수 있는 자동차의 생산을 의뢰하였다. 당시 고성능 자동차 개발에 주력하던 포르쉐는 자신의 노하우를 투입하여 저렴하면서도 성능 좋은 자동차를 대량으로 생산하는 데 성공했다. 스포츠카인 포르쉐의 DNA가 대량생산되는 국민 차에 접목되면서 다른 대중 차와 차별화되는 품질을 자랑하게 된 것이다. 폭스바겐의 이름은 독일어에서 '국민(Volk)'과 '자동차(Wagen)'라는 단어의 합성어로 문자 그대로

'국민 차'를 의미한다.

　폭스바겐은 제2차 세계대전 이후 독일 경제의 한 축을 담당하며 빠르게 성장하였다. 가장 유명한 차종인 '비틀'은 총 2천만 대 이상 생산되어 그야말로 세계인의 국민 차로 사랑을 받았다. 이후 고급 차인 아우디와 벤틀리까지 인수하면서 총 14개의 브랜드를 소유한 세계 최대의 자동차 업체로 몸집을 불렸다.

폭스바겐의 경쟁력

　연비 조작 파문 전까지만 해도 폭스바겐은 독보적인 경쟁력을 갖춘 기업이었다. 폭스바겐의 대표적인 차종인 골프를 보자. 이 자동차는 세계에서 가장 많이 판매되는 차량 중의 하나이면서도, 대중차라고 하기에 상당히 비싼 가격에 판매된다. 골프의 국내 판매가는 비슷한 사양의 준중형급 국산 차보다 50퍼센트 이상 비싼 3천만 원대 중반이다. 독일 현지에서도 비교 대상 수입 차들보다 30퍼센트 이상 비싸다. 이렇게 높은 가격에도 골프가 한 해 100만 대 이상 팔리는 이유는 무엇보다 우수한 품질에 있다. 수많은 소비자들이 비싼 가격을 상쇄할 만큼 품질이 좋다고 인정하였기에 골프는 쟁쟁한 경쟁 차들을 제치고 '베스트셀링 카'에 오를 수 있었고, 폭스바겐은 세계 최대의 자동차 업체로 성장할 수 있었다.

그렇다면 폭스바겐이 대중 차 분야에서 이렇게 높은 품질을 달성할 수 있었던 비결이 어디에 있을까? 업계 전문가들은 우수한 인력과 안정된 노사관계에 그 원천이 있다고 입을 모은다. 창업자인 '포르쉐'와 최근까지 경영에 관여했던 창업자 후손들 그리고 최고경영진까지 모두 뛰어난 엔지니어들이었다. "폭스바겐 종사자들의 혈관에는 기름이 흐른다."는 말이 있을 정도로 기업 내 뚜렷한 엔지니어 문화가 존재한다.

또한 폭스바겐에는 근로자를 매우 중요시하는 문화가 존재하는데, 여기에는 폭스바겐만의 특수한 기업 구조가 작용하였다. 폭스바겐의 근로자들은 운영회의(Betriebsrat)라는 조직을 통해 수시로 종업원의 의견을 수렴하여 경영진에 전달할 뿐만 아니라 이 사회에도 자신들의 입장을 대변할 임원을 파견한다. 이와 같이 근로자의 경영 참여가 일상화된 구조를 기반으로 폭스바겐 내부에는 노사 간에 강한 신뢰관계가 형성되었다. 위기 시에는 근로자가 희생에 동참하고 경영진은 고용 안정을 우선시했다. 또한 유연한 근무환경과 다양한 능력 개발 기회를 제공해 폭스바겐은 모범적인 노사관계의 상징이 되었다. 안정된 직장에서 숙련된 직원들에 의한 생산 작업은 폭스바겐 차량의 내구성 강한 품질을 가능케 했다.

이번 연비 조작 사태 이후 폭스바겐은 직원들의 고용을 보장해 줄 수 없는 상황으로 치닫고 있다. 세계 각국에서 진행되고 있는 소송과 천문학적 벌금을 감당하기 위해서 인력 감축을 포함한 대규모 구조조정이 불가피할 것이기 때문이다. 만약 인력 감축이 현실화된다면 폭스바겐을 지탱해 온 기업과 종업원 간의 신뢰는 손상을 입을 수밖에 없다. 그 부작용은 대규모 차량 리콜과 벌금보다도 더 치명적일 것이다. 소비자 신뢰는 단기간의 타격을 견뎌낸다면 철저한 반성과 노력으로 다시 회복할 수도 있지만, 종업원의 신뢰를 잃으면 폭스바겐은 경쟁력의 원천을 잃어버리기 때문이다.

불투명한 지배 구조가 문제 키워

폭스바겐은 독특한 지분 구조를 가지고 있다. 폭스바겐의 지분은 창업자의 후손인 '포르쉐'와 '피에흐' 가문과 독일의 지방 정부인 '니더작센' 주 그리고 노동조합으로 각각 분류되어 있다. 남은 9.9퍼센트의 소수 지분만이 주식시장에서 거래될 뿐이다. 이런 특이한 지분 구조로 인해 폭스바겐은 중요한 사안이 있을 때마다 외풍을 맞았다. 이사진과 경영진의 구성이나 구조조정이 필요한 사안들은 가문 간의 싸움과 정치권 그리고 노동조합의 영향력에 의해서 결정되었다. 노동조합과 경영진의 유착관계가 문제시된 적도 여러 번 있었다. 최근에는 타 브랜드의 인수로 인해 불투명성이 이번 위기를 키웠다는 의견이 지배적이다. 이미 수년 전 독일과 미국에서 디젤차 배기가스 문제가 제기된 적이 있었다. 이때 바로 해결에 나섰어야 했는데 아무런 조치를 하지 않고 덮어 둔 채 경영권 분쟁에 주력한 것이 문제를 더욱 키웠다.

이번 폭스바겐 사태는 정직한 경영이 얼마나 중요한지를 단적으로 보여 주는 사례다. 부정행위가 당장은 배기가스 검사를 통과하고 연비를 향상해 매출이 늘어나는 것 같이 보였지만, 결국은 기업의 존폐까지 위협하는 상황을 만들었다. 당장 눈앞의 이익을 좇은 부정과 편법의 대가는 너무나 큰 것이다.

크리스천 기업인이라면 당연히 정직하고 투명하게 기업을 운영해야 한다. 고객을 속이는 행위는 결코 성경의 가르침이 될 수 없다. 그러나 다른 한편으로 정직한 경영이 사회적 구호나 신앙심에 대한 호소만으로 실현되지 않는다는 점을 지적하고 싶다. 인간은 본성적으로 탐욕이 가득 찬 죄인이기 때문이다. 크리스천도 비크리스천도 모두 부정행위에 대한 유혹을 받는다. 경쟁이 심화할수록 이러한 유혹은 더욱 커지게 마련이다. 이 때문에 제도적으로 경영의 투명성과 체계적인 기업 통제 기능이 확보되어야 한다. 이사회와 경영위원회가 경영을 검증하고 시장의 감시 기능이 제대로 작동하도록 해야 한다. 이를 위해서는 무엇보다 기업과 정치권 그리고 사회 이익집단과 유착이 발생하지 않도록 투명한 지배구조를 확보하는 것이 중요하다.

2. 내가 살고 너도 살게 해 줄게

남부 독일에서는 "내가 살고 너도 살게 해 줄게(Leben und leben lassen)."라는 말을 종종 쓴다. 내가 사는 것은 즐거운 일이지만 너도 같이 살게 해 줘서 함께 행복하자는 의미로 쓰인다. 내 경험으로 보았을 때 그곳 사람들은 지나친 가격협상은 하지 않는다. 어느 정도 흥정이 되었다 싶으면 적당한 가격에서 협상을 마무리한다. 내가 충분한 이익을 봤으니 너도 먹을 것이 있어야 하기 때문이다. 갑이 되면 을의 몫을 남김없이 빨아들여야 유능하다는 소리를 듣는 우리나라와는 조금 다른 것 같다.

이러한 관행은 남부 독일 사람들의 국민성이 북부에 비해 여유로

움을 추구하는 데서 기인하는 것으로 보인다. 이들은 날씨 좋은 여름날이면 대낮부터 햇볕에 나와 앉아 맥주를 마시면서 소소한 이야기를 즐긴다. 그렇다고 가난하지는 않다. 지멘스, 벤츠, 아우디, BMW, 알리안츠 등 수많은 세계 굴지의 기업 본사가 자리 잡은 독일 남부는 유럽에서도 가장 부유한 지역에 속한다. 내가 열심히 일해 잘살게 되었고 너도 잘살게 해 주었다면 사람들의 마음마저 편하지 않을까 하는 생각을 해 보았다.

중세 프랑스의 왕 루이 14세는 국가를 부강하게 하기 위해 중상주의라 부르는 경제정책을 폈다. 수입을 억제하고 수출을 늘려서 국내 산업을 보호하는 한편 원료를 구하고 국내 제품을 수출하기 위해 식민지를 개척했다. 당시의 정책 목표는 수출은 많이 하고 수입은 적게 해서 무역수지에서 많은 흑자를 내고, 그것을 비축해 부자 나라가 되는 것이었다. 얼핏 듣기에는 국가의 이익을 극대화시켜서 국민들을 잘살게 해 줄 것 같이 보인다. 문제는 모든 나라가 이런 이기적인 정책을 추진할 경우 서로 갈등만을 유발하게 되어 지속적인 거래가 가능하지 않다는 데 있다. 실제로 프랑스와 무역을 하던 나라들은 중상주의 정책을 좋게 보지 않았다. 1667년 프랑스가 네덜란드 수입품에 대한 관세를 세 배나 올리자 네덜란드는 프랑스 제품의 수입을 전면 금지했다. 약이 오른 프랑스는 네덜란드에 수입을 강제하기 위해 군대를 보냈지만, 네덜란드가 둑을 열어 쳐들어오는 길을 막자 다시 돌아올 수밖에 없었다.

중상주의 정책은 바로 눈앞의 이익밖에 보지 못하는 정책이었다. 무역을 통해 서로 이익을 나누면 같이 잘 살 수 있는데 내 이익만을 추구하니 주변국들과의 갈등을 초래했다. 국민들도 외화는 넘쳐나는데 국내에서 생산된 물품만 소비해야 했으니 경제적으로 행복했다고 보기 어렵다.

신앙인에게 있어서 경제 활동의 기본은 나와 거래하는 다른 사람을 배려하는 것이다. 나만 생각하여 이기적이고 근시안적으로 행동한다면 함께 잘사는 세상을 만들 수 없다. 사실은 네가 잘살아야 나도 잘살 수 있는 것이다.

3. 왜 쌀에 돌이 들어 있었을까

경제학자인 조지 애커로프(George Akerlof)는 기차를 타고 인도를 여행하던 중 특이한 일을 경험하였다. 기차에서 쌀자루를 들고 돌아다

니면서 쌀을 파는 상인들에게 쌀을 한 되 샀는데 숙소에 와서 밥을 해 먹으려고 보니 쌀에 돌이 한 움큼씩 섞여 있었다. 잘못 샀겠거니 하고 여행을 계속하면서 다른 기차에서 쌀을 샀는데 이번에도 역시 돌이 많이 들어 있기는 마찬가지였다. 그는 소비자들이 원하는 것은 밥해 먹기 쉬운 깨끗한 쌀인데 왜 사는 쌀마다 돌이 들어 있을까 하고 고민하였다. 그리고 공급자와 소비자 간의 정보의 비대칭성이 깨끗한 쌀을 시장에서 사라지게 했다는 결론에 도달했다.

문제 핵심은 공급자가 쌀에 돌을 섞는다고 할지라도 소비자에게는 이러한 부실한 쌀을 식별해 낼 방법이 없다는 데 있다. 특히 여행지에서 사는 쌀이어서 나중에 알아낸다고 하더라도 현실적으로 항의하기도 어렵다. 기차 안에서 산 쌀에 돌이 많이 들어 있는 것을 발견했다면 아마 항의하기에는 이미 늦은 경우가 대부분일 것이다.

즉 쌀이라는 상품에 대해서 공급자가 소비자에 비해 월등한 정보를 가지고 있는 것이다. 그 결과 소비자가 밥을 할 때 번거롭게 돌을 골라내야 할 뿐만 아니라 깨끗한 쌀을 시장에서 살 수 없게 된다. 공급자의 입장에서는 정보의 비대칭성이 존재하는 한 굳이 이윤이 적게 남는 깨끗한 쌀을 공급할 이유가 없기 때문이다.

우리나라에서도 예전에는 쌀에 돌이 제법 들어가 있었다. 밥을 하기 전에 쌀을 씻는다는 것은 사실상 돌을 골라내는 작업이었다. 그러다가 미처 걸러지지 못한 돌을 씹으면 둔탁한 소리와 함께 치아가 상하는 일도 종종 있었다. 그러나 지금은 쌀이 품종별로 구분이 되어 소비자가 쌀의 품질을 식별할 수 있게 되면서 돌이 섞인 쌀은 팔리기 어렵게 되었다.

신앙인의 관점에서 보면 이윤을 남기기 위해 상품을 일부러 변형시키는 것은 옳지 않은 일이다. 정보력이 약한 소비자가 당장 보상해 주지 않는다고 할지라도 돌을 섞은 쌀과 같이 정직하지 못한 제품을 만들어서도 안 되고 판매해서도 안 된다. 이러한 행위는 시장을 사라지게 하고, 우리의 삶의 질을 저하하는 원인이 된다. 동시에 정직한 공급자가 시장 경쟁에서 손해 보지 않도록 정보의 비대칭성이 존재하는 곳에 정부 차원의 개선책들이 만들어져야 하겠다.

4. 진정한 히든 챔피언

내가 파이트(Guenter Veit) 씨를 처음 만난 것은 20여 년쯤 전이었다. 독일에 있는 뮌헨대학 경제학과 재학 시절, 학생 기도 모임에 한 젊은 기업인이 강연하겠다고 찾아왔다. 파이트 씨는 젊은 나이임에도 턱수염을 길렀는데 말투는 직선적이고 꾸밈이 전혀 없어 진술한 인상을 풍겼다. 그는 기업인들이 대개 강연에서 즐겨 하는 성공담 대신 자신의 실패담을 고백하듯 들려주었다.

파이트 씨의 아버지는 공업용 세탁관리 기계를 생산하는 한 중소기업의 창업자였는데, 근면과 절약이 몸에 밴 전형적인 독일의 전후 세대였다. 파이트 씨는 고리타분하고 권위적인 아버지가 싫었다. 반항아적 기질을 가진 그는 자신이 가업을 물려받아 기성세대의 한 사람으로 성장해야 한다는 부모의 기대를 견딜 수 없었다. 그래서 청소년기에 집을 뛰쳐나와 한 록밴드에 가입했으며 수년간 아버지와 연락을 끊고 대학에도 진학하지 않았다. 그러던 중 그는 우연히 참석한 교회 청년부 모임을 통해 하나님을 만나는 체험을 했으며 지난 과거를 철저하게 회개했다. 방황을 마치고 집으로 돌아와 투병 중이던 아버지와 화해했으며 기업 경영도 물려받았다.

그가 경영의 책임을 맡으면서 맨 처음 한 일은 경영원칙을 문서화하는 작업이었다. 대개 오너 2세들이 기업을 물려받으면 신규 사업 진출이나 인수합병을 통해 몸집을 키우려 하는 것과 달리 그의 관심은 오로지 어떻게 하면 하나님의 뜻을 이루는 기업을 만드느냐에 있었다. 기업의 사회적 책임이 화두로 떠오르지 않았던 당시 그는 다소 파격적인 원칙들을 정리해 문서로 공식화했다. 파이트사의 기업 경영 원칙에는 "우리는 하나님과 이웃을 내 몸과 같이 사랑하는 것이 우리 일의 기본이라고 믿습니다."라는 문구가 있었다. 또한 고객과 직원 그리고 지역사회를 섬기겠다는 약속이 고르게 포함되어 있었는데 영리를 추구하는 기업이 쉽게 선언하기 힘든 내용들이었다. 특히 기업이 자연 생태계의 일부임을 인식함으로써 환경오염을 최소화하겠다는 선언이 눈에 띄었다. 경제적 이윤의 확보라는 목표도 함께 나열되어 있었으나, 왠지 상위의 목표라기보다는 기업의 지속성을 확보하기 위한 하위 개념의 목표라는 느낌이 들었다. 토론시간에 그래도 명색이 기업인데 정말 양심에 거리끼는 돈벌이는 하나도 안 하겠느냐고 따지듯 물었는데, 그는 단호하게 신앙에 부합하지 않는 경영은 할 수 없다고 잘라 말했다. 당시 나는 젊은 경제학도로서 신앙과 기업 경영이 현실에서 병행될 수 있는지에 대해 의구심을 가지고 있었지만 파이트 씨의 말은 진솔하고 설득력 있게 다가왔다.

최근 나는 우연한 기회에 다시 파이트사에 대한 소식을 듣게 되었다. 그가 경영하는 회사(Veit Group)는 그동안 공업용 세탁관리기기

분야에서 세계시장을 선도하는 기업으로 성장해 있었다. 고품질의 공업용 다리미, 스팀기, 바지 정리기 등 세탁관리 분야에 탁월한 기술력을 인정받아 세계 굴지의 의류기업들을 고객으로 확보하고 있었다. 파이트사는 꾸준한 기술 개발로 무겁고 복잡한 기계들을 사람이 몸을 구부리지 않고도 디스플레이를 통해 손쉽게 조작할 수 있도록 고안하였다. 본사가 위치한 란스베르그라는 남부 독일의 작은 도시에서는 청년들에게 실무를 교육하기 위해 별도의 공장을 건설하여 교육과 일자리 창출에도 열심이다. 또한 환경보호를 위해 태양광 에너지를 사용하고 타 경쟁사들보다 25퍼센트 가량 에너지를 절감하는 기계들을 출시하였다. 20년 전 젊은 파이트가 했던 선언들이 지금까지 변함없이 지켜지고 있는 것이다. 나는 '기업 경영은 이렇게 하는 것이구나.' 하며 감탄할 수밖에 없었다.

파이트사와 같은 기업을 언론에서는 "히든 챔피언"이라고 부른다. 일반인들에게는 잘 알려지지 않았지만 자기가 속한 산업에서 뛰어난 기술력을 바탕으로 세계시장을 선도하는 숨은 강자라는 뜻이다. 사람들이 잘 알지 못해도 하나님께 인정받는다면 기업으로서 진정한 가치를 창출한 것이 아닐까?

5. 요리 평론과 기업 문화

 음식을 주제로 한 방송, '쿡방'이 인기를 끌면서 요리 평론가의 위상도 덩달아 높아지고 있다. 어느 유명 요리 평론가에게 고급 레스토랑을 하는 친한 친구가 있었다고 한다. 그 친구는 평론가인 친구가 자신에게 호의적인 칼럼을 써 주기를 기대했다. 평론가로서는 난처한 일이 아닐 수 없었다. 이 친구의 기대는 옳은 것일까? 과연 평론가는 친한 친구의 기대를 충족시켜 주어야 할까? 여기에 대한 답변은 문화권 별로 나뉜다.

 보편주의적 가치를 추구하는 문화권에서는 공정한 규칙을 중요시한다. 규칙은 모든 사람에게 동등하게 적용되어야 하므로, 친한 친구의 레스토랑이라고 할지라도 평론가는 객관적인 기준에 따라 엄격하게 칼럼을 써야 한다. 지인이라고 해서 도와주려 하는 사람은 보편주의 문화권에서 신뢰받을 수 없다.

 반면 특수주의 문화권에서는 규칙보다는 특수한 관계가 중요하다. 친한 친구라면 나에게 더없이 중요한 사람이기 때문에 규칙이 무엇이든 나는 이 사람을 위해 좋은 평론을 써 주어야 한다. 특수주의 문화권에서는 친구에게 호의도 베풀지 않는 사람을 신뢰하지 않는다.

보편주의는 주로 기독교 문화에서 나타난다. 기독교에서는 보편적 진리인 성경에 순종함으로써 하나님과의 관계를 형성한다. 하나님과 인간 사이에 예수님 외에 어떤 매개자도 존재하지 않는다. 이런 문화권에서는 인간관계보다 객관적 규칙을 수용하려는 경향을 보인다.

특수주의는 가톨릭과 기타 종교의 문화권에서 나타난다. 이들 종교에서는 인간과 신 사이를 중재하는 매개자가 존재하기 때문에 자연스럽게 관계의 중요성이 드러난다.

기업의 경영 방식 역시 속한 문화에 따라 적지 않는 영향을 받는다. 보편주의 문화권에서는 주어진 규칙을 조직 전체에 적용하려는 경향을 보인다. 이런 사고방식은 기업이 글로벌화하면서 어느 정도 당위성을 가진다. 동일한 제품과 서비스를 전 세계의 고객에게 제공하고, 다양한 자회사를 일관성있게 운영해야 하기 때문이다. 일반적으로 보편주의적 문화는 효율성에서 특수주의에 앞서는 것으로 평가된다.

그렇다고 특수주의 문화를 무조건 과소평가해서는 안 된다. 최근 국내시장에서 철수한 한 글로벌 보험사의 경우 본사에서 개발한 개인 성과보상 시스템을 한국 자회사에 일률적으로 적용하려다가 노조와 첨예한 갈등을 빚었다. 공동의 업무를 중요시하는 한국의 고유 문화를 무시한 것이 화근이었다. 반대로 유럽에 진출한 한국 기업들은 회식 참여를 통해 공동체 문화를 활성화하려 하지만 대부분 실패한다. 회식은 개인과 가족을 중요시하는 서방 문화에 맞지 않기 때문이다.

기업이 지나치게 하나의 규칙을 보편화하면 조직과 시장의 반감을 불러일으킬 수 있다. 세계적 기업이라면 다양한 문화를 폭넓게 인지하고 경영에 반영해야만 성공할 수 있다. 크리스천 기업에게 중요한 것은 문화의 모든 것을 규정하는 것이 아니라 핵심 가치를 지키는 것이다. 그러기 위해서는 경영진 스스로 무엇이 자사의 핵심 가치인지 정의하고, 그것이 성경적 기준에 부합하는지 점검해야 한다.

6. 갤럭시와 기업 문화

"앞으로 새로 출시되는 제품에서 또다시 발화가 일어난다면, 아마 삼성은 회복하기 힘든 어려움에 직면할 것이다."

독일의 한 언론사가 갤럭시 노트7의 두 번째 리콜 사태 이후 냉정하게 전망했다. 그러나 정작 삼성은 아직도 이번 발화 사고의 정확한 원인을 찾지 못하고 있다. 그도 그럴 것이 조그만 스마트폰 하나에 들어가는 부품이 천여 개가 넘는다고 한다. 제품에 하자가 발생했을 가능성이 너무나 다양하다 보니, 명쾌하게 답변을 찾기도 쉽지 않아 보인다. 더욱이 이번 발화 사고의 원인을 찾는다 해도 앞으로 유사한 사고가 발생하지 말라는 법이 없다. 원인을 알 수 없는 또 다른 결함이 소비자의 안전을 위협할 가능성이 도사리고 있기 때문이다. 삼성뿐만 아니라 전 스마트폰 업계는 신제품의 출시 전에 근본적으로 모든 결함을 방지해야 하는 과제에 당면해 있다. 이를 위해서는 기본적으로 두 가지 방법이 존재한다.

첫째는 생산 공정을 하나하나 철저하게 관리하는 것이다. 각 공정을 세분화하고 중간 산출물을 형상화한 후 각 공정의 오차율을 최소화하는 것이다. 이 방법은 품질관리의 기본적 기법이기는 하지만 복잡하다는 단점이 있다. 수많은 공정과 그들 간의 상호관계를 완벽하게 관리하기란 현실적으로 어렵다. 특히 경쟁이 치열한 스마트폰 시장에서 생산 공정 하나하나의 관리는 필연적으로 시간의 지연을 의미할 수밖에 없다. 업계에서는 이번 발화 사고가 삼성이 애플을

의식해 신제품 출시를 서두른 나머지, 품질검증을 충분히 하지 못한 데 원인이 있을 것으로 추정하고 있다.

둘째는 기업 내의 문화에 투자하는 것이다. 즉 기업 내 근무하는 모든 사람이 안전하고 완벽한 제품을 생산하는 목표를 문화적 규범의 형태로 공유하도록 유도하는 것이다. 대부분 생산 공정이 자동화되었다고 해도, 제품을 설계하고 공정을 만드는 것은 사람이다. 따라서 사람의 의식이 바뀌면, 각 공정에 대한 인위적인 지시 없이도 작업 환경과 품질이 모두 향상된다.

사실 생산 공정에 의한 품질관리는 단순한 작업과정이 주를 이루었던 산업화 초기에나 가능했다. 그러나 현대와 같이 복잡하고 변화가 빠른 환경에서는 모든 작업에 대해 일일이 지시를 내리기란 불가능에 가깝다. 오늘날의 초일류 기업들의 특징은 상부의 지시 없이도, 조직 전체가 자발적으로 상호 협력하며 프리미엄 제품을 생산해 내는 데 있다.

우리는 인간이 기계가 아닌 하나님의 형상을 닮은 피조물이라는 사실을 기억해야 한다. 즉 인간은 타인의 지시가 아닌 자신의 의지에 따라 자주적으로 행동하려는 성향을 가지고 있다. 이러한 인간의 특성을 인정하고 경영에 반영하는 기업만이 장기적으로 경쟁력을 가질 수 있다. 프리미엄 제품이 필요할수록 경영자가 기업 문화를 되돌아보아야 하는 이유다.

앞으로
경제 환경은
어떻게 변하나요?

. . . .

아침에 하늘이 붉고 흐리면 오늘은 날이 궂겠다 하나니
너희가 날씨는 분별할 줄 알면서 시대의 표적은 분별할 수 없느냐.
_마태복음 16장 3절

1. 경제 성장의 시대는 끝났는가?

우리나라의 경제 성장률이 2퍼센트대로 주저앉았다. 대부분의 경제연구기관은 우리나라의 중장기 경제 성장률을 연 2퍼센트대로 추정하고 있다. 우리도 10퍼센트에 육박하는 고성장을 누리던 때가 있지 않았던가? 과연 우리 경제는 활력을 다 한 것일까?

거시 경제 지표만 두고 보면 최근 경제 성장에 매우 불리한 환경이 형성되어 있다. 세계금융위기 이후 한국은행이 역사상 최저 금리로 돈을 풀고 있지만, 경기는 계속 부진하고 물가도 충분히 상승하지 않고 있다. 곳곳에서는 한국 경제가 유동성 함정에 빠진 징후들이 나타나고 있다. 풀어 설명하자면 사람들이 미래를 워낙 비관적으로 전망하기 때문에, 아무리 금리가 낮아도 소비와 투자를 하지 않고 돈을 쌓아 둔다는 것이다. 만약 디플레이션의 징후가 지금보다 더 뚜렷해진다면, 가계는 소비를 더 미루려고 할 것이고, 물건을 팔 곳이 마땅치 않은 기업은 투자를 축소하는 악순환이 발생할 것이다. 정부가 이를 막기 위해 민간 소비를 늘리려고 갖은 정책들을 내놓았지만, 1200조 원에 달하는 부채를 짊어진 가계가 소비를 늘리기는 쉽지 않다. 정부 역시 최근 국가 채무가 급격히 증가한 것을 고려하면, 적극적으로 지출을 늘리기 어려운 형편이다. 해외 수출 역시 지난해 이어 올해도 감소할 것으로 전망된다. 이에 따라 우리 경제는 총수요 부족에 따른 경기 부진에 빠질 가능성이 상당한 것으로 보인다.

사회 구조적 측면에서는 빠른 인구 고령화가 장기적으로 경제 성장의 발목을 잡을 것으로 예상된다. 우리나라 가임 여성의 출산율은 1.3명에 불과해 OECD 국가 중에서 최하위권이다. 베이비붐 세대의 은퇴가 사실상 시작되면서, 노령인구는 늘어나는데 이들을 부양할 근로 인구는 줄어드는 것이다. 생산 활동에 종사하는 인구가 줄면 자연스럽게 경제가 위축된다.

저성장은 우리나라뿐 아니라 세계적인 현상으로 자리 잡고 있다. 전 세계 중앙은행들이 2008년 이후 경쟁적으로 돈을 풀고 있지만, 그 돈이 생산 활동으로 흘러 들어가지 않고 부동산과 주식 같은 자산의 가격에 거품만 일으키고 있다. 유럽과 일본 등 선진국은 각자의 구조적 문제에서 쉽사리 벗어나지 못하고 있으며, 과거 고성장을 누리던 우리나라와 중국, 브라질 등 주요 신흥국 경제도 침체되어 있다.

종합해 보면 국내외 경제 변수들은 성장에 그리 우호적이지 않은 것은 분명해 보인다. 또한 사회 구조적 문제가 장기적인 경제 성장의 발목을 잡을 가능성도 크다. 하지만 그렇다고 해서 우리가 성장이라는 경제 현상에 근본적인 의문을 가질 필요는 없다고 생각한다. 그 이유는 경제 성장의 근원적인 동력이 인간의 성품에 있기 때문이다.

인간의 타고난 성품 중 하나는 새로운 것에 대한 호기심과 창조에 대한 열의다. 호기심은 사람으로 하여금 새로운 생산방식을 발견하게 하는데, 이를 우리는 혁신이라고 한다. 혁신은 생산성 향상을 가져와 경제가 더 많은 재화를 생산할 수 있도록 한다. 그리고 창조에 대한 열의는 새로운 상품과 서비스의 발명 및 생산으로 이어지면서 경제 성장의 기반이 된다.

인간의 호기심과 이에 따른 혁신과 발명을 다 돈을 위해서라고 말할 수는 없다. 호기심과 새로운 것들에 대한 열의는 인간의 본성에 속하기 때문이다. 창조주인 하나님의 형상대로 만들어진 우리 인간은 새로운 것을 창조하고자 하는 속성을 가지고 있다. 이 기본적인 성품은 시간이 흐른다고 해서 바뀌지 않는다. 인간의 성품이 바뀌지 않는 한, 경제는 생산성을 향상하고 새로운 재화를 생산하며 성장을 지속할 것이다.

우리 경제의 발목을 잡고 있는 거시 경제적 문제들과 사회 구조적 문제들을 해결하기 위해 최선을 다해 보자. 경제의 성장에 대한 희망은 올해에도 그리고 앞으로도 충분하다. 바로 하나님께서 우리에게 주신 선물이다.

2. 장기화하는 저금리

2012년경 나는 평소 거래가 있던 독일의 한 은행을 방문했다. 여러 일로 자금이 필요했던 터라 대출을 알아보기 위해서였다. 담당자는 금융위기 이전만 해도 6퍼센트였던 대출금리가 절반인 3퍼센트대로 떨어졌다면서 고정금리 대출을 권유하였다. 사상 최저 수준인 금리가 언제 다시 상승할지 모르니 지금 확보해 두라는 이유에서였다. 결국 나는 10년간 연 3퍼센트의 이자를 지급하는 조건으로 적지 않은 자금을 대출받았다. 그러나 독일의 금리는 지속해서 떨어져 2017년 현재 중앙은행 기준 금리가 - 0.2퍼센트이며, 부동산 담보 대출은 1퍼센트 내외에 받을 수 있다. 당시 나는 고정금리가 아닌 변동금리로 대출을 받았어야 했다. 경제학을 전공했으면서도 이성적 판단보다 은행의 '우려'에 귀를 기울인 대가로, 앞으로도 5년간 많은 이자를 독일 은행에 내야 한다.

현재 금리가 사상 최저 수준이라고 해서 앞으로 꼭 반등해야 하는 것은 아니다. 경제학에서 시장 금리는 투자와 저축이 균형을 이루는 지점에서 형성된다. 경기가 좋지 않으면 기업들은 투자를 줄이고, 국민들은 소비 대신 저축을 늘리면서 금리가 하락한다. 반대로 경기가 좋으면 투자와 소비가 늘고 저축 성향이 감소하면서 금리가 상승한다.

최근 금리가 지속해서 하락한 것도 세계금융위기의 여파로 투자와 소비 등 총 수요가 감소한 데 근본적인 원인이 있었다. 여기에 금융시장을 안정시키기 위해 각국 중앙은행이 경쟁적으로 정책 금리를 인하한 것도 시장에 저금리 기조를 안착시키는 역할을 했다. 그러나 그 이후 실물 경제적 상황은 크게 개선되지 않고 있다. 미국을 제외한 선진국의 경기 침체가 지속하고 있는 가운데 중국과 신흥국 경제도 부진에 빠져들었다. 따라서 대부분의 국가들은 여전히 확정적인 통화정책 기조를 유지하고 있다.

최근 미국의 정책 금리가 인상기조 있음에도 다른 세계 주요국의 경제 상황은 근본적으로 개선되기 어려워 보인다. 이는 주요국의 금리가 사상 최저인 현재 수준에서 크게 오르기는 어렵다는 것을 시사하고 있다. 주목할 것은 전 세계적으로 저성장, 저물가와 함께 저금리가 새로운 기준으로 자리 잡았다는 사실이다. 특히 우리나라의 경우 인구 노령화와 같은 구조적 요인이 만성적 투자 감소로 이어지면서 저금리가 장기화될 가능성이 크다. 장기적인 저금리는 많은 부작용을 야기한다. 최근 우리 경제에 가계 부채가 늘어나고 이익을 내지 못하는 '좀비 기업'의 구조조정이 지연되는 것도 저금리의 영향이라고 할 수 있다.

특히 교회에서 주의 깊게 보아야 할 부분은 저금리로 인해 노년층의 실생활이 어려워졌다는 사실이다. 젊어서 저축해 둔 돈의 이자로 생활비를 충당하는 퇴직자들은 생활이 쉽지 않다. 최근 노년층에서 근로 인구가 늘어난 것도 저금리와 무관하지 않다. 또한 장기 금리의 하락으로 보험사들의 연금 상품이 비싸졌다. 즉 같은 보험료를 내고도 향후 수령하는 연금액이 줄어든 것인데, 이로 인해 은퇴자들뿐만 아니라 노후를 준비하는 젊은 세대의 불안도 커졌다.

교회는 경제적으로 삶이 팍팍해진 교인들을 위로해야 할 필요가 있다. 힘든 현재를 사는 모든 이들을 진정한 안식으로 인도하고, 미래의 참된 소망이 어디에 있는지 가르쳐야 할 때다.

3. 세계 최초 연금의 교훈

온 세계가 공적 연금에 대한 개혁으로 시끄럽다. 지금은 모두가 당연시 생각하는 공적 연금이지만 세상에 나오게 된 배경을 돌아보면 그 정치, 사회적 논리를 이해할 수 있다.

세계 최초의 국민연금은 1889년 독일에서 철혈재상 비스마르크에 의해 도입되었다. 당시 육체노동자와 화이트칼라 저임금 노동자 전원이 가입 대상이었는데, 세대 간 부과식 재정충당방식을 채택했다. 즉 국민연금 도입과 동시에 근로세대가 낸 보험료를 곧바로 노령세대가 수령할 수 있었으니 그 사회적 효과가 가히 파격적이었다. 비스마르크 연금의 체계는 이후 대다수 선진국에서 공적 연금의 형태로 도입되었으며 오늘날도 당시의 골격을 유지하고 있다.

흥미로운 것은 독일에 국민연금이 도입된 배경이다. 비스마르크는 유명한 보수주의자로 기존의 사회질서를 유지하고자 노력했다. 사회주의자들을 공공의 적으로 여기던 그가 노동자의 사회적 보호막이라고 할 수 있는 사회보험을 세계 최초로 도입한 것은 역사에서 매우 아이러니한 사건이었다.

비스마르크가 총리로 임명된 당시 독일 사회는 그야말로 격랑의 시대였다. 산업화와 함께 급부상한 시민 세력이 정치 참여를 요구하며 의회를 장악했다. 칼 마르크스의 자본론 출간 이후 사회주의 세력이 체계화되었으며 외부에서는 프랑스, 오스트리아, 러시아 등 팽창 일로에 있던 열강들이 뒤늦게 통일을 이룬 독일을 견제하기 시작했다. 총리가 된 비스마르크의 문제는 정치적 기반이 취약하다는 것이었다. 그의 총리직은 국민이나 의회 대표로부터 선출된 것이 아니어서 언제든지 황제에 의해 해임될 수 있었다.

당시 통일 독일의 초대 황제였던 빌헬름 1세는 과대망상이라고 할 만큼 비현실적인 야망을 품고 있었다. 빌헬름 1세는 철저한 현실주의자였던 비스마르크와 첨예한 갈등을 빚곤 했다. 이런 상황에서 비스마르크에게 국민노령연금을 포함한 3대 사회보험의 도입은 노동운동의 급진화를 막고 사회적 통합을 이룰 수 있는 묘수 중의 묘수였다. 이처럼 세계 최초의 공적 연금은 철저하게 정치 논리에 의해 도입되었다. 이념이나 정치적 성향이 아닌 반대 세력에게 급부를 제공함으로써 권력 기반을 공고히 하겠다는 정치적 세력 논리가 결정 요인으로 작용한 것이다.

우리나라에서도 최근의 공적 연금에 대한 논의를 보면 연금의 기능과 재정에 초점을 맞추기보다는 정치적 이해관계에 의해 타협의 대상이 되고 있다는 느낌을 지울 수 없다. 그러나 공적 연금의 도입이나 개혁에 우리는 매우 신중해야만 한다. 한번 도입된 공적 연금은 철회가 사실상 불가능하고 조그마한 변경도 매우 어렵기 때문이다. 독일뿐만 아니라 세계 어느 국가에서나 공적 연금은 뜨거운 감자다. 공적 연금의 형태를 조금이라도 개혁하려는 세력은 정치 생명을 걸어야 한다. 더욱이 대부분의 선진국에서는 고령화가 진행 중이어서 연금 재정이 악화되고 이로 인해 경제의 활력이 저하되는 문제가 발생하고 있다. 아마 비스마르크가 살았던 초기 산업화 시대에는 연금 납입자인 근로 인구가 감소하는 상황을 상상하지 못했을 것이다.

공적 연금과 같은 사회 구조적인 이슈에 대해 기독교인들의 역할이 있다고 생각한다. 많은 사람들이 수혜를 입는 정책을 비판하는 일은 정치적으로나 사회적으로 인기 있는 일이 아니다. 하지만 재정이 확보되지 못한 공적 연금제도는 미래에 막대한 부담으로 돌아올 수밖에 없다는 사실을 지적하고 사회적 의견 형성 과정에도 기여해야 한다. 현재의 정치적 이해관계를 관철하기 위해 미래세대에 막대한 채무를 남기고, 또 갚을 수도 없는 구조를 만드는 것은 신앙인으로서 부도덕한 일이기 때문이다.

공적 연금 자체를 부인하자는 것은 아니다. 사회적 안전판으로서 공적 연금의 기능은 인정하지만, 재정이 장기적으로 확보될 수 있는 견실한 구조를 구축하는 것이 매우 중요하다. 미래세대가 지속해서 살아나갈 수 있는 세상을 남겨 주는 것은 우리에게 주어진 신앙적 책무이기도 하다.

4. 갑작스런 통일을 감당하려면

요즘 한반도 정세가 불안해지면서 북한의 갑작스러운 붕괴를 우려하는 목소리가 커지고 있다. 경제적으로는 우리가 통일 비용을 감당할 수 있을지에 대한 의구심도 크다. 사람들은 '독일과 같이 부강한 나라도 통일 이후 휘청거렸는데, 우리 경제가 북한의 붕괴에 따른 충격을 견뎌 낼 수 있을까?' 걱정한다. 그러나 걱정하기에 앞서 독일의 통일이 경제적으로 상상할 수 있는 가장 고비용의 구조로 이루어졌다는 사실에 주목할 필요가 있다. 독일의 경험을 반면교사로 삼는다면 우리는 통일시 많은 비용을 절약할 수 있다. 먼저 독일 통일의 몇 가지 특징을 살펴보자.

첫째, 1980년대 말 서독 정부는 노골적으로 동독의 붕괴를 유도

했다. 동독을 탈출한 난민들이 체코와 헝가리의 서독 대사관으로 몰려오자, 당시 서독의 '겐셔' 외무상은 친히 기차를 전세해 난민들을 서독으로 실어 날랐다. 동독을 이탈하는 난민의 수가 급격히 늘어나면서, 결국 동독체제는 급속히 붕괴하였다. '콜' 수상은 미국, 소련, 프랑스 등 주변의 강대국을 설득해, 동독의 평화적 체제 이양을 허락받았다. 현재 대한민국 정부가 과거 서독과 같이 공격적으로 북한의 붕괴를 유도하는 외교 전략을 구사한다고 보기는 어렵다. 오히려 북한 체제의 급속한 변화를 우려하면서 조심스러운 행보를 이어가고 있는 것으로 보인다.

둘째, 서독은 통일과 동시에 동독의 화폐를 자국 마르크화와 1대 1로 교환해 주었다. 당시 민간교역에서 동서독 마르크는 4대1의 비율로 교환되고 있었다. 정치적으로 동독의 경제력을 서독과 동등하게 인정해 준 것 같이 보였지만, 갑작스러운 통화가치 상승으로 인해 동독 기업들은 순식간에 국제경쟁력을 잃고 줄도산했다. 시장을 무시한 정치적 결단은 결국 동독의 산업기반 붕괴로 이어졌다.

셋째, 독일 정부는 동독 주민에게 서독 주민과 동등한 경제 사회적 권리를 인정해 주었다. 예를 들어 동독에서의 연금 납입기간을 모두 인정해 준 결과, 현재 동독 노인들은 서독 노인들보다 평균적으로 20퍼센트 가까운 많은 국민연금을 수령하고 있다. 보통 사회주의 국가에서 여성과 취약계층의 경제 활동이 활발한데, 이들이 상대적으로 긴 기간 연금 보험료를 납입한 것으로 인정되었기 때문이다. 동독의 사회보장을 위해서 서독으로부터 대규모의 소득 이전이 이루어졌다.

통일 이후 최근 회복하기까지 20여 년 가까이 독일은 유럽 경제의 병자(病者)로 취급받았다. 정치 논리를 앞세워, 경제적으로는 비합리적인 방법으로 통일을 이룬 대가였다. 만약 우리에게 갑작스럽게 통일이 찾아온다면, 정치 논리에 휩싸이지 말고 냉철하게 경제 논리를 따져 봐야 한다. 경제적으로 지켜져야 할 가장 기본적 원칙은 북한 경제를 남한 경제와 동등하게 취급하지 않는 것이다. 시장경제의 핵심은 희소성과 생산성에 따라 가격이 결정되는 데 있다. 생산성의 격차에 따라 가격과 임금이 차이가 나야 한다. 인위적으로 가격 차이를 없애려 한다면, 동독에서 그러했듯이 시장이 붕괴하고 말 것이다. 그 비용은 고스란히 국민의 몫으로 돌아오게 된다.

사회보장 측면에서는 아직 복지체계가 완전히 자리 잡지 못한 우리가 독일보다 오히려 유리한 측면이 있다. 선진국에서는 복지 지출이 정부 지출 중 가장 큰 비중을 차지한다. 우리도 통일시 일정 기간

동안 북한 주민의 생계를 위한 복지 지원이 불가피할 것이다. 다만 가장 큰 복지는 북한의 산업기반이 빠르게 성장할 수 있도록 유도하는 것이라는 사실을 기억해야 한다. 북한 자체의 경제 생태계를 살리고 활용할 수 있다면, 국가는 많은 재정 지출을 절약할 수 있을 것이다.

역사를 보면 철권통치를 하던 독재정권들이 한번 체제에 금이 가기 시작하면서 순식간에 무너졌다. 루마니아도, 리비아도 그리고 동독도 붕괴하는데 수개월이 채 걸리지 않았다. 통일이 예상치 못한 때 갑작스럽게 찾아온다고 해서 우리는 거부할 수도 없고, 또 거부해서도 안 된다. 과도한 두려움은 성공적으로 통일을 이루는 데 도움이 되지 않는다. 긍정적인 마음가짐과 냉철한 판단력을 유지한다면, 우리는 통일을 충분히 감당해 낼 수 있고, 또 우리 경제가 한 단계 도약하는 기회로 활용할 수 있을 것이다.

5. 브렉시트(Brexit)와 경제적 기회

인간에게는 변화를 잘 받아들이지 못한다는 특성이 있다. 변화의 조짐이 보이면 인간은 본능적으로 두려워하기 시작하는데, 여기에 상상력이 결합하면서 온갖 불안과 걱정이 발생한다. 최근 영국이 유럽연합을 탈퇴하기로 결정하자 국내에 불안이 고조되고 있다. 그러나 우리는 변화가 위험뿐만 아니라 경제적 기회도 가져다준다는 사실을 기억할 필요가 있다. 새로운 사업에 투자하기를 원하는 사람은 변화에 배팅해야 한다. 변화가 없다면 기회 또한 없을 것이기 때문이다. 브렉시트(Brexit)에 따른 변화를 마냥 두려워하기보다는 그 속에서 기회를 찾으려는 긍정적이고 진취적인 자세가 필요하다. 다음으로 요약되는 유럽의 변화를 예의주시하면서 내게 주어지는 기회는 무엇인지 찾아보도록 하자.

첫째, 유럽 내 자유로운 교역은 큰 틀에서 유지될 것이다. 영국과 유럽연합은 영국의 구체적인 탈퇴 조건에 대한 협상을 할 것이다. 기본적으로 상호 간 관세 없는 자유로운 교역은 영국과 모든 유럽 국가가 원하는 것이라는 사실을 주지할 필요가 있다.

둘째, 정치적 통합의 동력은 약화될 것이다. 브렉시트는 유럽의 정치적 통합에 대한 영국 국민의 반발이다. 국민의 의사와 관계없이 이민정책이나 재정정책이 시행되는 것을 수용하지 않겠다는 뜻이다. 앞으로 영국뿐만 아니라 다른 유럽 국가에서도 정치적 통합에 대해 반기를 드는 사건이 다양한 형태로 일어날 것이다.

셋째, 유로화를 단일통화로 사용하는 유럽통화동맹은 도전에 직면할 것이다. 통화동맹은 각국의 경제체제가 통합되고 재정정책이 조율된다는 전제하에 제대로 기능한다. 브렉시트로 촉발된 정치적 통합에 대한 반발은 앞으로 유로존의 불안정성을 높일 것이다.

넷째, 영국에 대한 투자가 감소할 것이다. 기업들은 앞으로 영국이 유럽단일시장의 소속이 아니라는 점을 고려할 수밖에 없다. 특히 국제금융기관들은 더 이상 영국의 자회사를 통해 유럽연합 내에서 영업을 할 수 없게 됨에 따라, 조직의 상당 부분을 런던에서 프랑크푸르트나 파리로 이전할 것이다.

브렉시트 투표 이후 상당 기간 세계 각국의 중앙은행과 정부는 통화 및 재정정책을 통해 시장을 안정시키는 데 주력할 것으로 예상되는데, 이 과정에서 적지 않은 기회가 발생할 것이다. 예를 들어 전 세계적으로 금융 시장에 높은 유동성이 유지될 것이며, 각국의 팽창적 재정정책은 추가적인 수요를 창출할 것이다. 우리 기업들은 특히 영국과 유럽대륙의 시장이 재편되면서 발생하는 새로운 기회에 주목해야 할 것이다.

세계 경제가 역동적으로 움직이고 있다. 이 많은 변화 속에서 우리는 불안감에 움츠리지 말고 기회를 찾으려 노력해야 한다. 크리스천 역시 변화하는 환경에 능동적으로 대처하고 매일 새로워져야 한다. 우리에게 중요한 것은 변화의 격랑 속에서도 신앙의 원칙을 지키는 것이다. 정직하게, 굳은 심지를 가지고 기도하면서 세상을 바라보자. 기회가 어디 있는지 주께서 알게 해 주실 것이다.

크리스천은
미래에
어떻게
대비해야 하나요?

. . . .

주께서 심지가 견고한 자를 평강하고 평강하도록 지키시리니
이는 그가 주를 신뢰함이니이다.
_이사야 26장 3절

1. 생산성과 종교 세계지도

1980년대 오스트리아의 경제학자인 밀렌도르퍼(Johann Millendorfer)는 세계 각 국가의 생산성을 정량적 기법을 통해 분석했다. 경제학에서 통상적으로 쓰이는 생산 함수와 시계열 경험치를 활용해 생산성을 측정하고 결과 값을 가장 높은 순위부터 5단계로 구분하였다. 그리고 이 생산성 단계를 세계지도에 표기하니 놀랍게도 상당히 뚜렷한 세계 종교지도가 되더라는 것이었다.

가장 생산성이 높은 지역은 중북부 유럽과 북미 지역 등 개신교가 주 종교인 지역이었다. 두 번째로 높은 지역은 중남미의 일부 가톨릭 지역과 유럽의 정교 지역이었다. 세 번째 생산성 지역은 그 외 중남미 지역과 일본이었다. 밀렌도르퍼의 분석에 따르면 일본은 소득은 높았지만 투입한 자원 대비 산출물이 많지 않았다. 네 번째와 다섯 번째 생산성 지역은 인도, 중국, 아시아, 아프리카 등지의 개도국이 차지했다.

밀렌도르퍼의 연구는 상당한 논쟁을 일으킬 수 있는 내용임에도 경제학계에서 큰 반향을 불러일으키지 못했다. 주류 경제학에서 별다른 관심을 보이지 않은 이유로 밀렌도르퍼 연구의 논리적 취약성을 추정해 볼 수 있다. 예를 들어 각 국가 간 생산성의 격차는 종교적 차이보다는 기후 여건의 차이, 자본의 차이, 과거 식민 착취의 경험, 경제 시스템의 차이 등 다양한 요인에 근거할 수 있다. 즉 생산성을 결정하는 요인에 대한 구체적 설명이 부족했을 수 있다. 하지만 밀렌도르퍼가 생산성의 격차가 종교 지도와 같다고 했지, 꼭 종교가 원인이라고 한 것은 아니다. 그리고 만약 생산성의 결정요인에 관해 설명이 충분하지 못했다면 후속 논문들에서 언급되고 토론되었어야 했을 것이다.

내 생각에는 아마도 대부분의 경제학자들에게 종교가 다루기 부담스러운 변수로 느껴졌을 것이다. 종교적 차이는 전통적 경제학의 영역이 아닌데 경제학자가 자칫 잘못 다루다가 기독교 근본주의자로 낙인찍히지 않을까 우려했을 수 있다. 철학이나 사회학과 달리 경제학은 인간의 가치체계가 결과에 미치는 영향을 최소화하려고 노력한다. 경제 분석에서는 모든 인간은 근본적으로 차이가 없으며 이들이 가진 유일한 가치체계는 자신의 이익을 추구하는 것이라는 상당히 일반적인 인간상을 전제로 한다.

아쉽게도 밀렌도르퍼의 연구 결과는 몇몇 기독교인 경제학자들 사이에 회자되는 정도에 그치고 말았다. 하지만 조금만 더 시야를

넓힌다면 그의 연구 결과를 설명하는 것이 그리 어려운 일이 아니다. 청교도적 가치관이 산업혁명의 동력이었다는 것은 학계의 정설이다. 독일의 저명한 사회학자인 막스 베버(Max Weber)는 경제적 산출물이 하나님께서 주신 축복의 결과라는 청교도적 가치관이 경제 활동에 동기를 부여해 결국 산업혁명으로 이어졌다고 했다.

기독교는 주요 생산요소인 노동과 자본을 그 자체로서 죄악시하지 않는다. 정직한 방법으로 열심히 일하고 자원을 효과적으로 투입하여 풍성한 열매를 맺는 것은 자연스러운 현상이다. 모든 자원과 물질은 창조주에게서 오는 것이며 이로 인한 축복 또한 하나님의 섭리다.

2. 구조조정 이후를 준비해야 한다

바다를 운항하는 모든 선박은 보험에 가입해야 한다. 국제 협약에 따라 일정 규모를 초과하는 선박은 책임보험에 가입해야만 국내외 항만에 출입할 수 있다. 여기에 대한 공식적인 이유는 사후 손실의 관리에 있다. 대형 선박이 좌초하면 화물이 유실되는 것 이상의 손실을 일으키는 경우가 많다. 예를 들어 유조선이 좌초하여 기름이 바다로 유출되면, 해양 생태계에 가늠하기 힘들 정도의 큰 손실을 안긴다. 만약 선사가 복구비용을 감당하지 못하고 파산이라도 하면, 그 피해가 고스란히 납세자들에게 전가될 것이기에 사고 뒤처리를 위해서 보험 가입은 의무 사항이다.

선박보험이 의무인 더 실질적인 이유는 해운 사고의 사전 예방에 있다. 사고 시 대규모 보험금을 지급해야 하는 보험사의 입장에서는, 해운사가 안전수칙을 준수하는지 눈에 불을 켜고 감시할 수밖에 없다. 즉 보험가입을 통해 보험사와 해운사의 책임 범위를 명확히 정의함으로써 사전에 해양 사고의 위험을 현저히 줄일 수 있다는 것이다.*

명확한 책임 관계가 부실을 예방한다

개인의 행위에 대해 책임을 지는 것은 시장경제의 핵심 원리 중 하나다. 모든 사람이 자신의 행위에 대해 책임을 지지 않고 공동체에 전가하면, 그 사회는 공산주의가 된다. 불과 수년 전 우리는 공산주의 깃발을 건 선박들이 역사에서 사라지는 것을 목격했다. 책임을

---

* 세월호의 경우 안타깝게도 불법 행위로 인해 책임보험의 사고 예방 메커니즘이 작동하지 않았다.

전가하는 행동들이 누적되면 국민 경제라는 거대한 선박이 난파하여, 결국 침몰한다는 사실을 역사가 보여 준 것이었다.

성경도 개인의 책임을 강조한다. 출애굽기에서는 자신의 소유물이 이웃에 끼친 손해에 대해서 철저히 배상할 것을 가르치고 있다(출 22:1). 우리는 이웃 사랑과 '나의 잘못을 공동체에 전가하는 행위'를 혼돈해서는 안 된다.

최근 부실 기업의 구조조정 과정에서 책임 규명이 등한시된다는 인상을 지울 수 없다. 정부는 국책금융기관의 부실을 메우기 위해 한국은행의 자금 투입을 요구했다. 하지만 수조 원대 부실을 일으킨 책임을 규명하지 않은 채 중앙은행의 발권력으로 위기를 모면한다면 앞으로도 유사한 사태가 발생할 가능성이 높다. 과거에도 주기적으로 국민의 부담으로 기업의 부실을 떠안는 일이 발생하지 않았는가?

구조조정에 자금이 필요하다면 정부는 한국은행을 바라볼 것이 아니라 직접 추경예산을 편성하고, 부실의 발생과정과 책임관계를 투명하게 국민들에게 밝혀야 할 것이다. 무책임과 부실의 연결 고리를 끊어야만 비로소 우리 경제가 건강해질 수 있다.

조선·해운 산업의 부실

한때 우리나라 외화벌이의 첨병이었던 기간 산업들이 해체될 위기에 처해 있다. 대우조선해양이 2015년에만 3조 원의 영업 손실을 기록한 가운데, 대부분의 조선사가 경영 악화로 고전하고 있다. 해운업의 상태는 더 심각하다. 자칫 잘못하면, 국내 1, 2위 해운선사가* 법정 관리에 들어갈지 모른다.

이 기업들은 자율적으로는 회생이 어렵다고 자타가 공인한 상태다. 그렇다고 해서 밑 빠진 독에 물 붓듯이 금융기관과 정부가 계속 자금을 지원할 수는 없는 일이다. 국민의 혈세인 세금에도 한계가 있고, 채권단이 계속 지원하다가는 금융기관마저 부실해질 위험이 있기 때문이다.

대한민국의 경제 활력은 하락 일로에 있다. 중장기적으로 연평균 경제 성장률이 2퍼센트 대에 머무를 것으로 전망된다. 잠재성장률 역시 금융위기 이전과 비교해 2퍼센트나 하락했다. 성장 잠재력을 높이기 위해서는 견실한 기업을 중심으로 자원을 재배분해 국민 경제 전반의 효율성을 개선해야 한다. 부실 기업에 대한 구조조정을 통해 우리 경제의 체질을 근본적으로 개선해야 하는 이유다.

---

* 한진해운과 현대상선

사실 경쟁력 없는 산업의 구조조정은 시간과 방법의 문제일 뿐, 언젠가는 필연적으로 이루어질 수밖에 없다. 신속히 구조 개선이 이루어지면 투입되는 자금을 줄일 수 있을 것이고, 부실한 상태가 장기간 지속하면 필요한 공적 자금의 규모가 늘어날 것이다.

산업화의 격변기에 교회가 할 일

문제는 구조조정 과정에서 대량으로 발생하는 실업이다. 일각에서는 실업을 최소화하는 방향으로 구조조정이 진행되어야 한다고 말한다. 달콤한 말이다. 하지만 안타깝게도 구조조정의 핵심에 인력 조정이 있는 것이 현실이다. 수요 감소가 위기의 주원인인 상황에서, 인력 감축 없는 경영 효율화만으로 기업이 정상화되기는 어렵다.

주목할 것은 구조조정이 이미 시작되었다는 사실이다. 동남권 조선업계에서는 벌써 2016년 한 해 동안 1만 5천 명 이상이 일자리를 잃었다. 과거 고성장기에는 직장을 잃어도 다른 기회를 찾는 것이 어렵지 않았다. 하지만 재취업 자체가 어려워진 현재, 실업은 당사자들에게 더 무겁게 다가올 수밖에 없다. 지금 진행 중인 대규모 산업 구조조정은 우리 사회가 경험해 보지 못한 것이다.

이 산업화의 격변기에서 교회가 할 수 있는 일은 과연 무엇일까?

배고프고 어렵던 시절, 난 교회에서 빵과 우유를 얻어먹었다. 그것 때문에 자존심이 상한 적은 없었다. 내가 다녔던 교회는 평범했지만, 그곳에는 항상 진정성이 느껴졌다. 비록 부모님은 교회에 다니지 않으셨지만, 난 교회 행사 때 먹을 것을 얻어 오기도 했고, 어려운 일로 앞이 캄캄할 때는 혼자 본당 앞에 꿇어 엎드려 울며 기도하기도 했다.

교회는 어려운 이들에 희망을 전달해야 한다. 우리 사회에 유례없이 혹독한 구조조정의 한파가 불고 있는 지금이 교회가 가장 빛날 수 있는 시간이다.

3. 유가(油價)와 네덜란드 병(病)

최근 국제 유가가 12년 만에 최저치로 급락하면서 세계 경제의 위협요인이 된 바 있다. 원유 판매수입의 감소로 인해 러시아, 중동, 중남미 등지 산유국의 재정이 어려워지자 국제금융시장이 불안해졌다. 유가는 산유국의 경제, 사회 전반에 지대한 영향을 미쳐 왔다. 과거 사례를 보면, 유전을 발굴한 당시에는 검은 황금을 발견했다면서 축포를 터뜨렸지만, 원유 판매가 국민 경제의 구조적 문제로 발전하는 경우가 꽤 있었다. 한 예로, 전통적 무역 국가였던 네덜란드는 천연가스 유전의 발굴 이후 만성적인 경기 침체에 빠지면서 유럽 경제의 환자로 전락하고 말았다.

네덜란드가 북해에서 거대한 천연가스 유전을 발견한 것은 1959년이었다. 당시 에너지 가격 상승에 힘입어 유전은 막대한 수입을 올리기 시작했고, 에너지 관련 업종 종사자들의 임금이 큰 폭으로 상승했다. 시간이 지나면서 자연스럽게 네덜란드 정부의 조세 수입이 많이 증가했고, 공무원들의 임금이 덩달아 상승했다. 문제는 타 업종 근로자들이 천연가스 업계와 공무원들과 같은 폭의 임금 인상을 요구하면서 발생했다. 정치적, 사회적 이유로 이들의 임금 인상 요구가 관철되었고, 그 결과 네덜란드에서는 에너지 산업을 제외한 모든 다른 산업의 국제 경쟁력이 저하되었다. 물가는 급등했고 설상가상으로 통화의 대외가치 또한 빠르게 절상되었다. 산업 전반이 휘청거렸고 네덜란드 경제는 장기 침체에 빠졌다. 정부는 갖은 경제정책을 통해 경제를 회생시키려 했지만, 백약이 무효했다. 유럽에서는 오늘날까지 장기간 침체하고 병약한 국민 경제를 지칭하는 용어로 '네덜란드 병(病)'이라는 단어가 쓰인다.

네덜란드 경제가 회복되기 시작한 것은 국제시장에서 천연가스 값이 하락하고 나서였다. 에너지 업계 종사자들의 임금이 조정을 받자 타업종 종사자들의 임금도 현실화되었다. 이에 따라 산업 전반의 국제경쟁력이 회복되면서, 네덜란드는 다시 유럽 경제의 강소국으로 돌아올 수 있었다.

네덜란드의 사례는 황금 알을 낳는 줄 알았던 천연가스 유전이 오히려 멀쩡했던 국민 경제를 갉아먹을 수 있음을 보여 준다. '네덜란드 병'의 핵심은 유전 발굴에 들떠, 정유업계가 아닌 다른 산업에서 생산성을 웃도는 높은 임금을 인정받은 데 있었다. 유전도 발굴하지 않은 타 제조업에서 에너지 산업의 임금 수준을 감당할 수 없는 것은 자명했다.

경제학은 복잡해 보이지만 실제로는 단순한 법칙을 중요시한다. 그중 하나는 "자신이 번만큼 써야 한다."는 것이다. 자신의 능력 이상으로 지출하려고 한다면 언젠가는 부메랑을 맞게 마련이다. 분에 넘치는 행태로 경제 위기를 맞이한 사례는 네덜란드 말고도 얼마든지 있다.

독일에서는 통일 후 동독 지역이 돈벼락을 맞을 것으로 착각하는 사람들이 있었다. 그곳에서는 당시 세계에서 가장 고임금 국가 중

하나였던 서독 수준의 임금이 관철되었다. 생산성을 훌쩍 뛰어넘는 임금에 결국 동독의 생산기반은 통째로 붕괴되고 말았다.

유로화 도입 이후 자금 조달 비용이 낮아지자 그리스, 포르투갈 등 남유럽 국가들은 스스로 감당하지 못할 만큼 재정 지출을 감행했다. 그 결과는 오늘날까지 해결되지 않고 있는 유로화 위기다.

갑자기 노다지를 발견했다고 자신의 분수를 잊으면 그 노다지가 독이 되는 법이다. 크리스천이라면 자신의 경제 체력에 맞게 벌고 쓸 줄을 알아야 한다. 남이 얼마를 버느냐에 신경 쓰기보다는, 신앙적 원칙이 무엇인지 고민하고, 이에 걸맞게 경제 활동을 해야 한다. 경제 위기를 예방하는 방안이 바로 여기에 있다.

4. 명절 선물에 대하여

유럽의 기차역과 공항이 힌두교의 신 "크리슈나"의 추종자들로 북적이던 때가 있었다. 붉은 천을 몸에 걸친 젊은 크리슈나 교도들이 지나가는 행인들에게 이곳저곳에서 꽃을 나누어 주었다. 거절하려 하면, 한껏 미소를 지은 젊은이가 나지막한 목소리로 속삭였다.

"받으세요, 이것은 당신께 드리는 선물입니다."

일단 받아 든 꽃을 쓰레기통에 버려야 할지 가지고 갈지 고민할 쯤이면, 다른 젊은이가 다가와 미소를 머금고 헌금을 부탁했다. 많은 사람들이 거절하지 못하고 돈을 주자 급기야는 공항 측에서 크리슈나 교도들의 출입을 금지하기에 이르렀다.

인간은 본능적으로 남에게 빚지는 것을 싫어한다. 독일의 경제전문가인 "롤프 도벨리"에 의하면 인간은 다른 사람에게 받은 호의를 반드시 돌려주려고 하는 습성이 있다. 이를 '상호성의 법칙(Reciprocity)'이라고 하는데, 과거에는 인간 사회를 유지하는 중요한 방식이기도 했다. 고대 수렵 사회에서는 사냥을 나가 항상 성공한다는 보장이 없었다. 사냥에 성공한 날에는 먹을 것이 넘쳐났지만, 아무것도 잡지 못한 날에는 배를 주려야 했다. 냉장고가 없던 시절, 사냥해서 먹고 남은 고기를 이웃에게 나누어 주었다. 그리고 사냥에 실패한 날에는 반대로 남이 나누어 주는 고기를 먹었다. 다른 사람의 위장이 냉장고로 작동한 셈이었다. 이처럼 상호성에 의존한 관계는 인간의 생존을 도우면서 강한 사회성을 띄게 되었다.

오늘날 많은 기업이 상호성의 법칙을 마케팅과 영업 수단으로 활용하고 있다. 선물이나 식사 초대를 자연스럽게 할 수 있다면 이미

반은 비즈니스에 성공한 셈이다. 남에게 빚지는 것을 못 견디는 상대방이 어떤 형태로든 보답할 것이기 때문이다. 명절이 되면 많은 선물이 오가는 이유이기도 하다.

2016년 추석은 소위 '김영란법'으로 불리는 청탁금지법이 입법 예고된 이후 처음으로 맞는 명절이었다. 이제 공직자는 명절 선물을 받을 때에도 엄격한 법의 규제를 받게 된다. 아무리 작은 선물이라도 상호성의 법칙이 작용하면 공정한 업무를 방해할 수 있기 때문이다.

성경에서도 "피차 사랑의 빚 외에는 아무에게든지 아무 빚도 지지 말라(롬 13:8)."고 했다. 많은 우려와 혼선에도 이 법이 우리 사회에 공정한 문화와 관행이 자리를 잡는 계기가 되기를 기대해 본다.

명절 선물이 줄어들어서 서운한 이들도 있을 것이다. 관계에 메마른 세태가 비인간적으로 느껴지는 심정도 이해가 가지 않는 것은 아니다. 그러나 추석 선물을 받지 못한 데 따른 장점도 있다. 다른 사람에게 빚진 것이 없다면 매사에 자신의 이성에 따라 명철한 판단을 내릴 수 있을 것이다.

5. 비교하면 지는 거다

자동차를 살 때 천연 가죽시트는 대개 옵션으로 분류되어 판매된다. 차종에 따라 100-200만 원을 훌쩍 넘는 비용을 추가로 지불해야 하지만, 많은 사람은 큰 거리낌 없이 천연 가죽시트를 주문한다. 수천만 원을 호가하는 차 값에 비하면 저렴한 소품이라고 생각하기 때문이다. 아마 자동차의 일부분이 아닌 별도의 가구였다면, 사람들이 이토록 쉽게 지갑을 열지 않았을 것이다. 자동차 회사들은 가죽시트뿐 아니라 다른 인기 장치들도 옵션으로 분류해, 소비자들에게 비싼 가격에 판매하고 이윤을 남긴다.

홈쇼핑을 보면 대규모 할인이 넘쳐난다. 소비자들은 원래의 가격에 비해 훨씬 적게 지불한다는 생각에 앞다투어 구매에 나선다. 그러나 이런 할인은 제품 출시 때부터 기획된 경우가 대부분이다. 원래의 가격에 할인을 부각시킴으로써 소비자가 착시 현상을 일으키도록 유도하는 것이다.

심지어는 주식시장에서도 비슷한 오류가 벌어진다. 많은 투자자가 고점 대비 하락 폭이 큰 종목에 대해서 매수에 나선다. 비싼 주식을 싸게 살 기회라고 믿기 때문이다. 그러나 주식에는 현재의 가격

만이 존재할 뿐 과거의 가격은 전혀 의미가 없다. 주가는 해당 기업이 미래에 창출하게 될 이윤의 합이다. 과거와 비교해 더 가격이 내려갔다고 주식을 사는 것은 분명 논리적 오류다.

앞의 경우들과 같은 현상을 대비 효과(Contrast Effect)라고 한다. 인간은 비싼 물건의 옆에 놓여 있는 상품을 저렴하다고 받아들인다. 작은 물건의 바로 옆에 있는 제품은 크다고 느끼는 것과 같은 현상이다. 그런데 느낌의 차이일 뿐 그 제품의 본래 가치가 달라지는 것은 하나도 없다. 기업들은 이런 착시 효과를 냉정하게 이용해 이익을 남긴다. 사람들이 대비 효과에서 비롯된 오류를 범하는 것은 끊임없이 비교하기 때문이다. 물건과 물건을 비교하고, 때로는 자신과 다른 사람들을 비교한다.

인간과 달리 하나님은 비교해서 평가하지 않으신다. 우리에게는 피조물로서의 절대적인 가치가 부여된다. 그리고 이 가치는 새로운 사람이 나타난다고 해서 떨어지지 않는다. 그렇기 때문에 하나님의 판단에는 오류가 없다. 경제 활동에서도 자꾸 비교하기보다는 진정한 가치를 찾으려고 노력해야 한다. 여기에는 신앙의 눈으로 사물을 바라보는 훈련을 하는 것이 도움이 된다. 매일 경건생활을 하면서 성경적 관점에서 가치를 찾으려고 노력하는 것이다. 우리의 영이 강건해짐은 물론 상당한 돈도 절약할 수 있을 것이다.

6. 오버하면 손해 본다

경제에는 자산의 가격이 일시적으로 급등락하는 오버슈팅(Over-shooting) 현상이 종종 발생한다. 예를 들어 금융시장에서는 국내 통화량이 팽창할 때 단기적으로 환율이 상승하는데, 그 폭이 과다하여 장기 균형점보다 높아지는 일이 종종 있다. 그 이유는 외부의 변수에 대해 외환 시장이 재화 시장보다 훨씬 빠르게 반응하면서, 두 시장 간에 일시적으로 괴리가 발생하는 데 있다. 이렇게 급등한 환율은 곧 하락하기 시작하여 장기 균형상태에 이르게 된다.

주식시장에서도 상승세를 탄 종목의 주가가 갑자기 폭등하는 오버슈팅이 자주 관찰된다. 대세 상승기에 주가의 목표치가 일찍 반영되면서, 해당 종목의 주가가 실제 가치보다 더 올라가는 것이다.

장기적인 성격의 부동산 시장에서도 단기적으로 가격이 과다하게 오르는 현상이 발생하곤 한다. 심리적인 요인으로 인해 실수요자와 투자자가 한꺼번에 구매에 나서면서 부동산 가격이 크게 오르는 일이 주기적으로 발생한다.

모든 오버슈팅의 특징은 단기적으로 오른 가격이 시차를 두고 다시 장기 균형점으로 내려온다는 데 있다. 경제의 원리는 펀더멘털, 즉 내재가치에 기초하여 가격이 결정되는 것이다. 시장의 경직성이나 또는 심리적 요인에 의해 과도하게 오른 가격은, 결국 장기적인 균형을 향해 수렴할 수밖에 없다.

많은 사람들은 단기적인 가격 변동에 편승하고자 하는 유혹에 빠진다. 남들을 따라 외화, 주식 그리고 부동산을 구매하지만, 시장이 안정되면서 낭패를 본다. 어떤 이들은 오버슈팅을 체계적으로 활용해 이익을 얻으려 한다. 즉 오버슈팅 시에는 자산을 팔고, 언더슈팅 시에는 자산을 저가로 매수하는 것이다. 그러나 이러한 투자 전략은 매우 위험하다. 장기적 균형가격의 수준이 얼마인지 그리고 어떤 속도록 이 가격에 대한 수렴이 일어날지, 그 누구도 정확히 알 수 없기 때문이다.

지금 우리나라는 정치, 사회적으로 너무도 혼란스럽다. 변화가 큰 환경에서는 경제의 오버슈팅이 발생할 가능성 역시 커진다. 요즘 같은 때 단기적으로 급등락하는 경제 변수들에 휘둘리지 않도록 주의해야 하는 이유다. 성경에는 "주께서 심지가 견고한 자를 평강하도록 지키시리니(사 26:3)"라고 했다. 사회적으로 무슨 일이 일어나든, 주님에 대한 신뢰를 바탕으로 신중하게 판단하는 정중동의 태도를 가지도록 노력하자. 이것이 국민 경제의 안정을 위해서뿐만 아니라 개인의 자산관리를 위해서도 바람직한 자세일 것이다.

아는 만큼 자신감이 생긴다

대부분의 독자는 학창시절 학기말고사와 같은 중요한 시험에 대비하여 공부한 경험이 있을 것이다. 시험을 준비하는 학생들을 보면 대개 3개의 부류로 나누어 볼 수 있다.

① 평소에 착실히 공부하면서 준비하였기에 시험을 걱정하지 않는 부류

② 시험 전날까지 공부는 하지 않고 시험 성적만 고민하는 부류

③ 아예 포기하고 아무 공부도 하지 않고 걱정도 하지 않는 부류

여러분은 학창시절 이 세 부류 가운데 어디에 속해 있었는가? 가장 바람직한 부류를 따지자면 물론 평소에 차근차근 공부하여 준비하였기에 시험을 걱정하지 않는 첫 번째 부류일 것이다. 가장 바람직하지 못한 부류는 공부는 안 하면서 걱정만 하는 두 번째 부류일 것이다.

많은 크리스천이 경제문제에 대해서 제대로 준비는 하지 않으면서 걱정만 하는 경향이 있다. 이들은 이론적으로는 돈 문제로 고민할 필요가 없다는 것을 알고 있다. 기도하고 믿고 맡겨야지 하면서도 어느덧 근심의 그림자가 자신을 감싸고 있는 것을 발견한다. 취업을 위해 새로 등록한 학원비는 어떻게 마련할까? 아파트 대출금은? 부모님 생신은? 결혼자금은? 점점 늘어나는 교통비는? 온갖 돈 걱정이 꼬리를 물면서 우리의 신앙을 위협한다.

경제에 대해서 가장 잘 알고 있는 분

우리가 걱정하는 것은 미래의 불확실성에 대한 두려움 때문이다. 자본주의 사회에서 돈이 없으면 많은 것들을 할 수 없다. 자기계발도, 친구들과의 교제도, 자녀 교육도, 결혼도, 모두 돈이 없으면 할수 없다는 데 대한 두려움이 결국 우리를 근심하게 한다. 바꾸어 말하면 우리가 경제적 불확실성에 대해 현실에 맞게 잘 대비한다면 두려움은 극복할 수 있다는 의미가 된다. 공부를 착실히 한 학생이 시험을 두려워하지 않듯이 재정적인 사안들도 차근차근 잘 준비한다면 두려움과 걱정을 덜 수 있다.

나 역시 많은 경제적 고민으로 고통을 받았다. 돈 걱정은 내게서 자유를 빼앗아 갔다. 인생에서 정말 중요한 것들을 생각할 자유, 매일매일 주어지는 시간에 감사하고 감격할 자유, 하고 싶은 일을 할 자유, 나의 인생을 행복으로 채울 자유가 돈에 대한 걱정과 함께 사라졌다. 돈 문제로 고민하면서 '크리스천의 삶이 이래도 되는 것일까?' 하는 의구심이 들었다. 그러면서 경제 문제와 이로 인한 개인적 고민들에 대해 체계적으로 대비해야 할 필요를 절실히 느끼게 되었다. 그렇다면 어떻게 미래의 경제문제에 대비해야 할까?

여기에는 두 가지 방법이 있다. 첫째는 학문적 기법, 즉 경제학적 방법론에 의거하여 미래를 대비하는 것이다. 이 방법은 통상적으로 활용되는 것이지만 경제를 움직이는 진정한 동인, 즉 물질의 주인인 하나님의 의지를 파악하지 못한 채 현상만을 분석하는 우를 범하게 될 가능성이 크다.

두 번째 방법은 경제를 신앙의 눈으로 해석하는 것이다. 물질의 주인이신 하나님의 섭리를 이해함으로써 경제적 현상의 진정한 배경은 원인을 이해하고 근본적인 대책을 세우는 것이다. 이 방법은 신앙적 관점에서는 바람직하다고 할 수 있다. 그러나 경제의 메커니즘을 무시한 채 '믿으면 복 받는다'는 식으로 접근한다면 자칫 경제에 대한 구체적인 이해가 빠진 채 추상적인 개념에 그칠 가능성이 있다. 그 결과 실생활에서 접하는 다양한 경제문제에 대해 구체적인 해결책을 제시하지 못하게 되는 것이다.

이 책에서는 앞의 두 가지 방법을 결합시킴으로써 크리스천이 경제를 이해하고 미래를 대비하는데 도움을 주고자 했다. 구체적으로 일상에서 발생하는 물질적 현상을 경제학적 기법으로 해설하고, 이를 다시 신앙적 관점에서 평가하는 방법을 사용했다. 즉 경제학의 학문적 접근법을 신앙적 관점에서 재조명함으로써 크리스천이 일상에서 접하는 다양한 경제문제를 설명하고, 나름 구체적인 지침을 제시하고자 하였다.

이 책의 상당 부분(6장-10장)은 지난 2년여 간 「기독공보」에 "경제와 신앙"이라는 제목으로 연재한 칼럼에서 발췌하였다. 짧지 않은 기간 동안 신문의 지면을 할애해 주신 「기독공보」의 천영호 사장님, 안홍철 국장님 그리고 차유진 기자님께 감사를 드린다. 또한 이 책의 출판을 흔쾌히 수락해 주신 예영커뮤니케이션의 원성삼 사장님과 꼼꼼히 원고를 교정해 주신 김지혜 팀장님께 감사의 말씀을 전한다. 미약하나마 이 책이 크리스천들이 물질을 올바로 관리하고 미래를 준비하는 데 보탬이 되었으면 한다.

저자 박병관